Monika Buschey

W0012554

»*Ich bin nichts ohne dich*«

Berühmte Liebespaare

Artemis & Winkler

Bibliografische Information der Deutschen Nationalbibliothek
Die Deutsche Nationalbibliothek verzeichnet diese Publikation
in der Deutschen Nationalbibliografie; detaillierte bibliografische Daten
sind im Internet über http://dnb.d-nb.de abrufbar.

© 2009 Patmos Verlag GmbH & Co. KG
Artemis & Winkler Verlag, Düsseldorf
Diese Ausgabe versammelt Texte aus den im Artemis & Winkler Verlag
erschienenen Bänden »Die Rosen deines Mundes«. Berühmte Liebespaare und
wie sie sich kennenlernten, 1999, »An jenem Tag im blauen Mond September«.
Berühmte Liebespaare, 2000, und aus dem 2001 im Kreuz Verlag erschiene-
nen Band Leidenschaft und Inspiration. Geliebte, die Geschichte machten.
Alle Rechte vorbehalten.
Umschlagmotiv: Maria Callas und Aristoteles Onassis 1957,
© akg-images/Bianconero
Umschlaggestaltung: init · Büro für Gestaltung, Bielefeld
Printed in Germany
ISBN 978-3-538-07288-6
www.artemisundwinkler.de

Inhalt

»Die berühmteste Sängerin und der Odysseus der modernen Welt«

MARIA CALLAS UND ARISTOTELES ONASSIS

Battista Meneghini hat schlechte Laune, seit Tagen schon. Zu hoher Wellengang für seinen Geschmack, zu lange und ausgiebige Diners, zu wenig Rückzugsmöglichkeiten. Für einen Mann in seinen Jahren eine einzige Strapaze. Außerdem fühlt er sich isoliert: Man spricht Englisch oder Griechisch an Bord. Seine eigene Frau scheint sich kaum zu erinnern, dass sie je des Italienischen mächtig war. Manchmal wirft sie ihm einen Halbsatz zu – wie man einem alten Klepper das Gnadenbrot hinwirft –, um dann gleich wieder Griechisch zu sprechen. Oder Englisch. Nicht wirklich schroff behandelt sie ihn. Eher mit der Nachsicht, die man Kindern oder Greisen entgegenbringt.

Besonders schlimm sind die Nächte. Viel zu spät wird zu Abend gegessen, viel zu oft wird getanzt, viel zu lange geplaudert, gelacht, getrunken und schamlos geflirtet. Dazu dieser märchenhafte Sternenhimmel, wie inszeniert. Zum Greifen nah erscheint die Milchstraße. Hier auf See ist der sommerliche Nachthimmel keine schwarze Platte mit hellen Löchern wie in der Stadt. Hier erscheint er wie ein lebendiger Organismus. Es pulsiert, es blinkt, es atmet. Dazu die samtene Luft. Das Herz könnte einem zerspringen.

Wenn Maria spürt, dass sein Blick auf ihr ruht, versteift sich ihr Körper noch ein bisschen stärker, und sie wirft den Kopf zurück, als wollte sie mit dieser trotzigen Bewegung unterstreichen, dass ihre Entscheidung richtig war. Denn natürlich war sie es, die unbedingt die Einladung des kulturlosen griechischen Satyrs zu einer Mittelmeerkreuzfahrt auf seiner Yacht »Christina« annehmen wollte. Ein Ort monströser Geschmacklosigkeit, dieses Schiff, findet Battista. Goldene Wasserhähne. Barhocker überzogen mit der Vorhaut von Walen. Ein Pool, der zur Tanzfläche wird, wenn man das Wasser ablässt. Obszön das alles.

Gestern kam dann die Gattin des Gastgebers auf ihn zugestürzt. Tina Onassis hatte rote Flecken im Gesicht, und sie redete derartig heftig auf ihn ein, dass er am Anfang überhaupt nichts verstand. Viele Male musste sie es wiederholen und musste drastische Gesten machen, ehe er begriff: Maria und Ari, ihr Mann und seine Frau, auf dem Teppich im hinteren Salon. Nackt. Kein Zweifel möglich. Meneghini wischt sich die Stirn mit blütenweißem Taschentuch. Er hatte den Kopf geschüttelt. Er war wie betäubt gewesen. Nein, er hatte nicht wissen wollen, was sich diese Griechin da in einem Wirrwarr englischer, italienischer, französischer und offenbar griechischer Silben zurechtstammelte. Alles in ihm sträubte sich dagegen. Amore, hatte sie immer wieder gesagt, amore, und dann die beiden Namen. Maria, Ari.

Etwas nicht zu wissen ist so, als sei es nicht gewesen, sagt sich Meneghini. Wenn es um Moral geht, hat das Ereignis selbst keine Bedeutung. Nur das Wissen darum. Battista Meneghini schwitzt. Er wünscht, er hätte sich niemals auf diese Reise eingelassen. Seine Rolle war von Anfang an mehr als lächerlich. Soll er jetzt auch noch den Idioten spielen, der weiß, dass seine Frau ihn fünfzehn Schritte weit entfernt von dem Stuhl, auf dem er sitzt, mit dem Satyr betrügt?

Er schaut über das Meer, das heute erfreulicherweise seidig-flach ist, und denkt an die Zeit, als er Maria Callas kennenlernte. 1947 in Verona, zwölf Jahre ist das her. So fett war sie damals, dass die Leute spotteten, man könne in *Aida* ihre Beine von denen der Elefanten kaum unterscheiden. Alles, was sie heute ist, hat er aus ihr gemacht.

Auch Maria Callas denkt an genau jenen Juni-Abend in einem Restaurant in der Nähe der Arena, als sie ihn jetzt auf Deck sitzen sieht, ihren Battista. Im Schatten zwar, dennoch schwitzend wie in einem Dampfbad. So kennt sie ihn. Er schwitzt beim Essen, beim Sprechen, er schwitzt sogar im Schlaf.

Er tut ihr leid, wie er so dasitzt und blinzelt, und ihr Mitleid hat durchaus zärtliche Züge. Sie ist in einer Stimmung, die keinen Groll zulässt, gegen niemanden, nicht einmal eine Verstimmung. Maria Callas ist glücklich. Sie ist verliebt. Leidenschaftlich verliebt, mit 35 Jahren zum ersten Mal. Sie ist überzeugt, dass sie nicht die Wahl gehabt hatte, auf Aris Werben einzugehen oder ihrem Mann treu zu sein. Wenn Ari sie küsst, dann gibt es nur eine Wahrheit.

Ihre Fähigkeit zu Liebe und Leidenschaft hat in Aristoteles Onassis ein würdiges Ziel gefunden. Er ist ein Mann, der ihr entspricht, ein Vulkan der Sinnlichkeit, ein Erfolgsmensch und einer, der es ganz und gar aus sich selbst heraus geschafft hat. Zwar ist er nicht sehr viel jünger als Battista und 23 Jahre älter als sie, aber Battista und ihn trennen Welten. Hätte ihr Mann je eine Lira ausgegeben, um ihr nach einem Auftritt einen Empfang zu bereiten, wie Ari es getan hat? 5000 Gäste waren geladen. Den Ballsaal des Hotels Dorchester hatte er dekorieren lassen wie für ein Hochzeitsfest, weiße und rosafarbene Rosen, wohin man sah. Maria hatte zuvor im Londoner Covent Garden die *Medea* gesungen. Zwar war er kein Freund musikalischer Langatmigkeit, wie eine Oper sie für ihn darstellte, aber er fand einen genialen Ausweg: Er kam erst zum Schlussapplaus und ging dann direkt zur Premierenfeier. Maria war in Champagnerlaune, entspannter, gelassener als sonst. Die Rolle als attraktive, begehrte, umworbene und verwöhnte Frau gefiel ihr. Es war der Beginn ihrer Liebe zu Onassis, dem griechischen Landsmann, der triumphale Auftakt. Und es war mehr als ein heftiger Flirt. Zum ersten Mal konnte sie sich vorstellen, dass das Leben auch fern der Bühne schön und erfüllt sein könnte: an seiner Seite.

Was machte es schon aus, dass sie ihn beim ersten Zusammentreffen, 1957 auf einem Ball in Venedig, nur als Kuriosität wahrgenommen hatte. So sah er also aus, der Reichste der Reichen: gnomartig neben ihr, mit fleischiger Nase und einem Lachen, das immer zu laut war. Die Premierenfeier in London war auch für Onassis der Beginn einer Leidenschaft. Nie im Leben, erzählte er seinen Freunden, werde er den Geruch ihres warmen Pelzes bei der ersten Umarmung vergessen.

Die »Christina« steuert indes einem neuen Höhepunkt der Reise entgegen. Man geht vor dem Berg Athos vor Anker. Der Patriarch Athenagoras besucht die Yacht. Maria und Ari knien auf den Planken vor ihm nieder. Er segnet »die berühmteste Sängerin der Welt und den berühmtesten Seemann der modernen Welt, einen modernen Odysseus«. Alle Anwesenden fühlen sich als Zeugen eines Trauungszeremoniells.

Dann schickt Onassis alle Nichtgriechen von Bord, um mit dem Patriarchen und Maria allein zu speisen. Battista weiß nicht genau warum, aber ausgerechnet jetzt, wo er festen Boden unter den Füßen hat – was ihm sehr angenehm ist –, muss er daran denken, wie viel Sorgfalt Maria vor diesem Urlaub darauf verwandt hat, daheim in Mailand Dessous und Badeanzüge einzukaufen.

Von nun an kommt sie immer erst in den frühen Morgen-

11

stunden in die gemeinsame Schlafkabine. Auf Fragen reagiert sie gar nicht, oder sie explodiert. Er könne sie nicht einsperren, sie sei inzwischen erwachsen geworden, schreit sie. Gegen Ende der Kreuzfahrt hat das Ehepaar Callas-Meneghini einander nichts mehr zu sagen. Es gibt noch einen Besuch des gemeinsamen Hauses in Sirmione am Gardasee, wo Battista Meneghini erleben muss, dass der Geliebte seiner Frau unerwartet auftaucht, um sie nach Mailand mitzunehmen.

Anfang September – sie sind Arm in Arm gesehen worden – stürzt sich die Presse auf das berühmte Liebespaar. Überhaupt interessieren sich immer mehr Klatschkolumnisten für Maria und immer weniger Musikkritiker. Die Kehrseite ihrer Weltkarriere, schreibt Jürgen Kesting in seiner Callas-Biografie, habe sich gezeigt, als die Sängerin ein anderes Ideal von Weiblichkeit habe verkörpern wollen als das der begnadeten und disziplinierten Künstlerin: »Als sie sich anzupassen begann, zuerst an die modischen Imagines der schönen Frau, danach an die der begehrten Geliebten, stürzte sie ins Unglück.«

Obwohl er seine Frau anfleht, ihn nicht zu verlassen – wovon Maria nichts ahnt –, reicht Tina Onassis die Scheidung ein. Auch die Ehe Callas-Meneghini wird geschieden. Es wäre an der Zeit für eine neuerliche Kreuzfahrt zu zweit, mit Heiratsantrag und anschließendem Gang zum Standesamt. Aber Onassis, dem das Vergnügen, eine Frau zu demütigen, seit Jugendzeiten zu eigen ist, hält sich zurück. Maria ist viel zu verliebt, um daraus die richtigen Schlüsse zu ziehen. Sie fühlt sich begehrt – was ihr eigenes Begehren immer noch steigert –, und sie versteht sich ohnehin inzwischen als seine Frau.

Zunächst kommt es ihr auch selbstverständlich vor, dass sie sich, was ihr Äußeres betrifft, seinem Geschmack anpasst. Er will sie in schwarzen Kleidern sehen und mit einer modischen Frisur. Star-Coiffeur Alexandre in Paris – es geht ihm mächtig contre coeur – schneidet ihr die nachtschwarzen langen Haare ab.

Nach und nach erst erkennt sie, wie vergeblich die Hoffnung war, die sie an Onassis geknüpft hatte. Entsprechend tief ist ihr Fall. Ihre Stimme ist nicht mehr, was sie war, und die Erwartung, mit Ari eine Familie zu haben, ein privates Glück genießen zu dürfen, schwindet. Immer mehr macht er sie zu seinem Anhängsel, zu etwas, das in seinem Schlepptau hängt, er fährt ihr in aller Öffentlichkeit über den Mund, er hat immer etwas auszusetzen, dass sie zum Lesen eine Brille trägt zum Beispiel.

Wenn er getrunken hat, schnauzt er sie an: »Was bist du schon? Ein Nichts. Du hast nur noch eine Pfeife im Hals, die nicht mehr funktioniert ...« Seine Freunde schämen sich für Auftritte dieser Art, und ihr Londoner Agent wundert sich, warum sie dem betrunkenen Berserker nicht eine Flasche über den Schädel zieht, sondern stattdessen nur stumm den Raum verlässt.

Es werde Zeit, sagt sie in einem Interview, ihre Freude wieder in der Musik zu finden. »Wenn ich nicht meine Arbeit habe, was soll ich dann tun von morgens bis abends? Ich habe keine Kinder, keine Familie. Was soll ich tun, wenn ich meine Karriere nicht mehr habe? Ich kann nicht einfach herumsitzen und schwatzen oder Kartenspielen, ich bin nicht dieser Typ Frau.«

1963 findet Onassis ein neues Prestigeobjekt. Er bricht mit Jackie Kennedy und ihrer Schwester in die Karibik auf. Dass er sich danach wieder für Maria interessiert, hat mit ihrem spektakulären *Norma*-Auftritt in Paris zu tun. Mitten im hohen C bricht sie ab. Das ganze Theater hält den Atem an. Das Orchester hört zu spielen auf. Sie setzt von neuem ein, sie hält den Ton bravourös. Im Parkett brechen Tumulte aus, es kommt zu einem Handgemenge unter den Zuschauern. Sie wird ausgebuht und umjubelt zugleich. Maria Callas ist wieder in den Schlagzeilen und Ari an ihrer Seite.

Sie hat nicht die Kraft, ihn abzuweisen, sie hungert nach Zuwendung, nach jedem Wort, jeder Geste von ihm, und sie glaubt immer noch, er bleibt für immer bei ihr. Der gemeinsame Sommer auf Skorpios lässt sie alle bösen Erfahrungen vergessen, die sie mit ihm gemacht hat, obwohl er sie noch immer und immer wieder beleidigt und bloßstellt, wenn ihm danach ist.

Ari pendelt bis zu seinem Tod zwischen ihr und Jaqueline Kennedy. Als Maria 1966 schwanger wird, drängt er sie zur Abtreibung: Wenn sie sich weigere, würde er sie endgültig verlassen. Aus der Zeitung erfährt Maria wenig später, dass Onassis und Jackie geheiratet haben – auf der Insel der Liebe, auf Skorpios. Fotos aus dieser Zeit zeigen ihr lächelndes Gesicht und zugleich den Abgrund von Verzweiflung, der sich dahinter verbirgt.

Als sein Sohn Alexander tödlich verunglückt – Onassis ist 73 Jahre alt –, geht ein gewaltiger Ruck durch sein Leben. Nichts ist mehr wie vorher. 1975 kann er sich von einer Gallenoperation nicht mehr erholen. Maria Callas besucht ihn heimlich im Krankenhaus. Bei der Beerdigung ist sie nicht dabei, auch nicht bei seinem Tod. Aber sie ist es, die um ihn trauert. Um ihn und um ihre Liebe.

Die letzten Jahre ihres Lebens verbringt sie zurückgezogen und in Einsamkeit.

Auch ihr letzter Wunsch blieb unerfüllt: Sie wollte, dass man die Urne mit ihrer Asche vor Skorpios ins Meer versenkt. Vor Skorpios, wo Ari bestattet ist.

»Nichts in der Welt ist so rot wie dein Mund«

OSCAR WILDE UND ALFRED DOUGLAS

Januar – März 1897   *H. M. Prison, Reading*

Lieber Bosie, nach langem, vergeblichem Warten habe ich mich entschlossen, Dir zu schreiben, nicht nur in Deinem, sondern auch in meinem Interesse, denn mich schmerzt der Gedanke, daß ich in zwei Jahren der Gefangenschaft keine einzige Zeile von Dir erhielt und daß Deine spärlichen Botschaften und die wenigen Berichte über Dich mir nur Kummer bereitet haben …

Der Gefangene schreibt im Halbdunkel seiner Zelle, seine Hände zittern, und schon nach den ersten Sätzen tun ihm die Augen weh. Das köstliche Tageslicht ist fast dahin, ohne dass es ihm vergönnt gewesen wäre, es zum Schreiben zu nutzen.

Oscar Wilde hat die letzten Monate seiner zweijährigen Haft vor sich, als er den Brief an seinen Geliebten zu schreiben beginnt. Hart geht er mit ihm und sich selbst ins Gericht. Bosie habe ihn ausgenutzt, schamlos und un-

17

ausgesetzt, ihn am Schreiben gehindert, ihn erniedrigt und gedemütigt, ihn in jeder Hinsicht ruiniert. Und er, Oscar Wilde, habe nicht die Kraft gehabt, den Verlockungen der Liebe zu widerstehen.

Alle Bitterkeit ihres Zusammenseins, jeden Verrat, jede Lüge ruft er ihm ins Gedächtnis:

Nachdem Du mein Genie, meine Willenskraft und mein Vermögen in Beschlag genommen hattest, verlangtest Du in blinder, unersättlicher Gier meine ganze Existenz. Und nahmst sie …

Der Brief ist lang, er füllt ein Buch von mehr als hundert Seiten. *De Profundis* ist der Titel. Unvorstellbar, dass der Dichter seinen Peiniger nach alledem, was hier zu lesen ist, jemals wiedersehen will. Doch der Brief schließt mit einer überraschend versöhnlichen Wendung:

Du bist zu mir gekommen, um die Freuden des Lebens und die Freuden der Kunst kennenzulernen. Vielleicht bin ich ausersehen, Dich weit Wunderbareres zu lehren: den Sinn des Leidens und seine Schönheit. Dein Dich liebender Freund O. W.

Auch ohne dass Bosie Gelegenheit gehabt hätte, auf die Anklage zu reagieren oder sich zu rechtfertigen, schließt der Freund ihn am Ende wieder in die Arme. Wie ein Kind, dem man verzeiht, was immer es tut. Geduld und unendliches Verzeihen von Seiten des Dichters bestimmen ihre Beziehung von Anfang an und bis zu Wildes Tod. Es ist die Art Liebe, die danach ruft, den Liebenden zu vernichten. Die Art, die den Liebenden seinen eigenen Untergang herbeiwünschen lässt. Von der »Tyrannei des Schwachen über den Starken« spricht Wilde in *De Profundis*. »Er wünschte sich eine verzehrende Leidenschaft«, schreibt der Wilde-Biograph Richard Ellmann, »er bekam sie, und sie verzehrte ihn.«

Der Gefangene braucht Wochen, ehe er seinen Brief vollendet hat. Nur sonntags kann er auch am Vormittag schreiben, wenn das Sonnenlicht die Zelle erhellt. Und so sehr es ihn schmerzt, was er da schreibt, so sehr erfüllt es ihn mit Dankbarkeit, dass er überhaupt schreiben darf. Ein Privileg, das man ihm erst in den letzten Monaten seiner Haft zugestanden hat.

»Als unsere Augen einander begegneten, spürte ich, wie ich blass wurde. Ein sonderbares Gefühl des Entsetzens überfiel mich. Ich wusste, ich stand hier einem Menschen gegenüber, dessen bloße Persönlichkeit so faszinierend war, dass sie sich, falls ich es zuließe, meines ganzen Wesens, meiner ganzen Seele, ja sogar meiner Kunst bemächtigen würde ... Irgendetwas schien mir zu sagen, dass ich am Rande einer furchtbaren Krise in meinem Leben stand. Ich hatte das sonderbare Gefühl, dass das Schicksal erlesene Freuden und erlesene Leiden für mich bereithielt.«

So hätte er sie beschreiben können, die erste Begegnung mit der verhängnisvollsten Leidenschaft seines leidenschaftlichen Lebens, den ersten, noch vorsichtigfreundlichen Kontakt mit Lord Alfred Douglas. Doch er beschreibt diesen ersten Blick bereits, bevor sie sich kennengelernt haben. Die Beschreibung bezieht sich nicht auf das reale Leben, sie steht in seinem Roman *Das Bild-*

nis des Dorian Gray, der dem Autor zusätzlichen Ruhm einträgt, aber auch den Ruf, unmoralisch und gefährlich zu sein. Immerhin verzichtet der Protagonist auf seine unsterbliche Seele, um sich ewige Jugend und Schönheit zu erhalten.

Später schreibt Oscar dem Geliebten, da ist er schon außer sich vor Liebe:

Ich kann ohne Dich nicht leben … Du bist mir mehr, als sich irgend jemand vorstellen kann. Du bist die Atmosphäre der Schönheit, durch die ich das Leben sehe. Du bist die Inkarnation alles Lieblichen …

Alfred Douglas hat *Dorian Gray* viele Male gelesen, bevor er seine Hand zum ersten Mal in die des Dichters legt, wieder und wieder gelesen, er ist darin geradezu versunken. Er kennt die Stelle mit den exquisiten Freuden und Leiden auswendig, er hat Oscar Wilde als das wahrgenommen, was der zutiefst zu sein wünscht: ein Künstler, ein exquisiter Künstler.

Im Juli des Jahres 1891 nimmt ein Bekannter des Dichters, Lionel Johnson, seinen Cousin Alfred Douglas mit zu Wildes Wohnung in die Tite Street. Man plaudert, man nimmt ein Getränk zu sich. Der Gastgeber muss sich zwingen, den Begleiter seines Freundes nur verstohlen, nur aus dem Augenwinkel anzusehen, das Wort nur selten an ihn direkt zu richten und wenn, dann nur mit abgewandtem Blick. Dennoch erfasst ihn ein inneres Beben, und er weiß, dass Bosie dieses Beben bemerkt hat.

Zum Abschied schenkt Wilde dem feingliedrigen jungen Mann eine Luxusausgabe des *Dorian Gray*. »Für Alfred

Douglas«, lautet die Widmung, »von einem Freund, der dieses Buch geschrieben hat. Juli 91, Oscar.«

Es dauert noch ein knappes Jahr, ehe sie die Versprechen einlösen, die sie sich an jenem Sommertag mit Gesten und verstohlenen Blicken gaben, bis die Anspielungen deutlicher werden und sich schließlich erübrigen, bis ihr Atem sich mischt, bis die Worte verklingen und die stumme Sprache von Lippen und Händen sich entfalten darf.

Bosie ist Anfang 20, Student in Oxford, Oscar Wilde 37 Jahre alt, verheiratet, Vater von zwei kleinen Söhnen. Als sie zueinanderfinden, steht er als Autor kurz vor dem Zenit seines spektakulären Ruhms. Sein Ruf als Ästhet, als Dandy, als ein Mann, der Kunst und Leben auf ungeahnte Weise zu verbinden versteht, umgibt ihn wie ein teures Parfüm. Fotos zeigen einen eleganten Mann, der nicht ein Detail seiner Kleidung und seiner Frisur dem Zufall überlässt.

Das üppige dunkle Haar trägt er länger. Seine vollen Lippen sind zart konturiert. Material und Farben der Stoffe, die für seine Anzüge Verwendung finden, sind wohl aufeinander abgestimmt, kein Accessoire, vom Manschettenknopf bis zur Blume im Knopfloch, das nicht von erlesenster Art wäre. »Männer sollten mehr Samt tragen«, befindet Wilde, »denn er fängt Licht und Schatten ein, wohingegen feiner Wollstoff hässlich ist, weil er das Licht nicht aufnimmt.« Dabei ist Oscar Wilde fern von aller geckenhaften Eitelkeit, ein Gentleman vielmehr, und man zweifelt nicht daran, dass sein Lächeln von Herzen kommt. Sein Blick hat den Glanz echter Freundlichkeit. Für Alfred Douglas müssen der Charme, die Liebenswürdigkeit dieses Mannes und der Zauber seiner Konversation, seine Klugheit, sein Esprit, überwältigend gewesen sein. Zugleich hat er einen Instinkt dafür, wo er Bewunderung erfährt, und dass dieser Vielbewunderte ihn bis zur Selbstentäußerung zu vergöttern bereit und fähig wäre, spürt er sofort.

Alfred Douglas ist schön. Schlank, milchweiße Haut, blondes Haar und ein Blick voll träumerischer Anmut. Sein Mund ist ganz so, wie Wilde den des Jochanaan in seinem Stück *Salome* beschreiben wird: »Dein Mund ist wie ein Scharlachband an einem Turm von Elfenbein. Er ist wie ein Granatapfel von einem Silbermesser zerteilt ... wie ein Korallenzweig in der Dämmerung des Meeres, wie der Purpur der Könige. Nichts in der Welt ist so rot wie dein Mund ...«

Wilde, als er Bosie sieht, muss sich den Gedanken strikt verbieten, diesen Marmorknaben einmal berühren zu dürfen. Als schlösse sich ein letztes Sicherheitsventil in seinem Inneren, verbietet er sich ferner, an ihn zu denken. Und doch ertappt er sich beständig dabei. Nichts in der Welt ist so rot wie dieser Mund.

Douglas wird später berichten, Wilde habe ihn über sechs Monate lang bestürmt, belagert. Wilde dagegen betont, dass die Initiative für den Auftakt ihrer intimen Beziehungen von Bosie ausging. Zuvor sei es eine lockere Bekanntschaft gewesen. Im Frühjahr 1892 bittet der Student den erfahrenen Autor um Hilfe: Er werde wegen eines Briefes mit kompromittierendem Inhalt erpresst. Wilde fährt nach Oxford und bleibt übers Wochenende. In den Juni jenes Jahres schließlich fällt ihre erste Liebesnacht. Oscar Wilde schenkt dem Geliebten abermals ein

Buch, seine Gedichte. Die Widmung diesmal: »Von Oscar
für den goldverbrämten Jüngling in Oxford im Herzen
des Juni, Oscar Wilde.«

Bosie ist zu dieser Zeit einer der begehrtesten Homosexuellen Londons, Wilde hatte durch seinen Freund John
Gray die gleichgeschlechtliche Liebe kennengelernt. Bosie
steht an der Seite des Dichters mit im Glanz seiner trium-
phalen Erfolge, Wilde lernt durch den Geliebten die
Boudoirs der Halbwelt kennen, die Stricherszene, die
Illegalität, den doppelten Boden der nur scheinbar hoch-
moralischen viktorianischen Gesellschaft. Er ist begeistert. Hübsche junge Männer, die sich für ein paar Pfund
und eine warme Mahlzeit prostituieren, faszinieren ihn.

Und er ist immer wieder von neuem hingerissen vom
Charme und von der Schönheit seines Geliebten. »Mein

lieber Bobbie«, schreibt er seinem Freund Robert Ross, der ihm bis in den Tod die Treue halten wird, »Bosie ... ist ganz wie eine Narzisse – so weiß und golden ... Bosie ist sehr müde: Er liegt wie eine Hyazinthe auf dem Sofa, und ich bete ihn an. Du lieber Junge. Stets Dein Oscar.«

Kaum sind sie ein Paar, da beginnt ein grausames Spiel, das schließlich ins Verderben führt. Oscar Wilde lernt seinen Freund als anspruchsvolles, launisches Luxusgeschöpf kennen, als unverschämt Fordernden, als verzogen, jähzornig und rachsüchtig. Bosie will vor allem immer wieder Geld von ihm. Es gehört zu seiner Taktik, sich finanziell von seinem Freund abhängig zu machen, sich aushalten zu lassen ist ein spezieller Reiz des Geliebtwerdens, und Wilde lässt sich in seiner grenzenlosen Generosität immer wieder herausfordern. »Ich weiß noch sehr gut«, schreibt Douglas 1896, da ist Oscar in Haft, an John Gray, »wie reizvoll es war, Oscar um Geld zu bitten. Es war für uns beide eine süße Demütigung und ein exquisites Vergnügen.«

Oscar muss erleben, daß sein Geliebter ihn immer dann verlässt, wenn er ihn braucht, wenn er krank ist zum Beispiel. Klar und einfach gibt er ihm dann zu verstehen, dass er ihn, den Dichter, auf einem Sockel der Erhabenheit zu sehen wünsche. In seiner Schwäche interessiere er ihn nicht. Entsprechend klagt Wilde:

Wir richten uns gegenseitig zugrunde, Du bist dabei, mein Leben vollständig zu ruinieren, und ich bin offenbar nicht in der Lage, Dich glücklich zu machen. Die Trennung, der endgültige Schlußstrich, das wäre die einzig kluge und philosophische Konsequenz.

Immer wieder lenkt Bosie ein, wenn es zum Äußersten zu kommen droht, und immer wieder lässt Wilde sich auf ihn ein. Zu seinem Entzücken hat der Geliebte, in Oxford wenig erfolgreich, sich ebenfalls aufs Dichten verlegt:

Mein einziger Junge, Dein Sonett ist einfach herrlich, und es kommt einem Wunder gleich, daß Deine roten Rosenblattlippen nicht nur für rasende Küsse, sondern auch für den Wohlklang des Liedes geschaffen sind. Deine zarte Goldseele wandelt zwischen Leidenschaft und Lyrik. Nun weiß ich: Hyakinthos, den Apollon so rasend liebte, das warst Du in den Tagen der Griechen ... In unvergänglicher Liebe bleibe ich Dein Oscar.

Oscar Wilde selbst löst die Lawine aus, die ihn schließlich in die Tiefe reißt. Er lässt sich von seinem Freund in die Streitigkeiten hineinziehen, die dieser mit seinem Vater auszufechten hat. Der Marquess of Queensberry ist ein jähzorniger Mann, genau wie sein Sohn. Sein Kind in homosexuellen Kreisen zu sehen, macht ihn rasend. Er beleidigt Oscar Wilde, dieser verklagt ihn wegen Verleumdung und nun wird Wilde seinerseits verklagt. Homosexualität gilt im England des ausgehenden Jahrhunderts als Straftat.

Zwar gäbe es einen Ausweg für Oscar, denn es ist üblich, dass man einen Gentleman, der sich vor dem Gesetz schuldig gemacht hat, entkommen lässt. Auch ein Haftbefehl wird erst vollstreckt, wenn der Abendzug nach Dover abgefahren ist – der Flüchtende erreicht dann noch die Fähre und kann entkommen. Wilde jedoch verschmäht diese Möglichkeit. Er will sich stellen. Er will dem Geliebten gegen dessen Vater beistehen. Er will die äußerste, die bitterste Konsequenz. Vor Gericht beschwört er die Reinheit der idealen Liebe:

»Die Liebe, die sich in unserem Jahrhundert stets verhehlt, bezeichnet die große Zuneigung eines älteren für einen jüngeren Mann ... eine Zuneigung, die Platon zur Grundlage seiner Philosophie machte und die in Michelangelos und Shakespeares Sonetten widerklingt. Diese tiefe, geistige Liebe ist ebenso rein wie vollkommen ... ihretwegen stehe ich nun hier. Sie ist schön, sie ist zart, sie ist die edelste Form der Zuneigung. Nichts Unnatürliches haftet ihr an ... Sie waltet immer dann, wenn der Ältere Geist besitzt und der Jüngere noch alle Freude, Hoffnung und Glorie des Lebens vor sich hat. Dass es dergleichen gibt, ist der Welt unbegreiflich. Die Welt macht sich darüber lustig und stellt manchmal dafür einen Menschen an den Pranger.«

Ein letztes Mal applaudiert man ihm, aber das rettet ihn nicht.

Der Prozess und die Verurteilung zu zwei Jahren Zuchthaus mit Zwangsarbeit sind sein gesellschaftlicher und finanzieller Ruin, die Haft selbst richtet seine Gesundheit und sein Gemüt zugrunde. »Das Gefängnisdasein lässt einen die Menschen und Dinge so sehen, wie sie wirklich sind. Darum verwandelt es einen zu Stein.«

Nach seiner Entlassung im Mai 1897 bringen ihn Freunde nach Dover. Er nimmt die Fähre und mietet sich in ein Hotel bei Dieppe an der französischen Küste ein. Sein französischer Kollege André Gide besucht ihn dort. Wilde habe noch denselben träumerischen Blick, berichtet er, das fröhliche Lachen und dieselbe Stimme. Dem Geliebten, erzählt er Gide, habe er mitgeteilt, dass er ihn nicht sehen könne. »Er geht seinen Weg, den Weg der Schönheit, den Alkibiades gegangen ist. Und ich folge dem heiligen Franz von Assisi.«

Spaziergänge am Meer lassen ihn allmählich zur Ruhe kommen, und gesundheitlich stabilisiert er sich vorübergehend, dennoch wird die Stimme in seinem Inneren, die keine Enttäuschung zum Schweigen gebracht hat, immer lauter. An einem Sonntagnachmittag, Oscar Wilde sitzt in seinem Zimmer am Fenster – die Blendläden sind wegen der Hitze geschlossen – und schreibt einen Brief an Bosie, an sein »göttliches Wesen«.

Sie treffen sich in Rouen, sie gehen Hand in Hand, Arm in Arm, sie verbringen die Nacht miteinander, den nächsten Tag und den übernächsten. Die wenigen getreuen Freunde sind entsetzt. Robert Ross teilt dem Dichter mit, wie sehr ihn diese Versöhnung erschüttert.

»Ich kann ohne die Luft der Liebe nicht leben«, erwidert Oscar ihm, »ich muss lieben und geliebt werden, einerlei, welchen Preis ich dafür zahle. Wenn die Leute schlecht über mich sprechen, weil ich zu Bosie zurückgegangen bin, sage ihnen, er habe mir Liebe geboten – und in meiner Verlassenheit und Schande, nach monatelangem Kampf gegen eine scheußliche Philisterwelt hätte ich mich natürlich ihm zugewandt. – Selbstverständlich werde ich oft unglücklich sein. Aber ich liebe ihn noch immer: Die Tatsache schon, dass er mein Leben zunichtegemacht hat, lässt mich ihn lieben …

Wir hoffen, eine kleine Villa irgendwo zu finden – und ich hoffe, mit ihm zu arbeiten – ich denke, ich werde es können – ich denke, er wird gut zu mir sein – mehr verlange ich nicht. Gib den Leuten also zu wissen, daß meine einzige Hoffnung auf Leben oder literarische Tätigkeit darin bestand, wieder mit dem jungen Menschen zu gehen, den ich vordem mit so tragischen Folgen für meinen Namen geliebt habe.«

Die beiden ziehen nach Neapel, wo Wilde seine *Ballade vom Zuchthaus Reading* schreibt und Douglas Sonette. Als das Geld verbraucht ist, reist Douglas nach Paris. Wilde folgt ihm – doch scheint das letzte Band zwischen ihnen zerrissen. Bosie erbt das Vermögen seines Vaters, aber als Oscar Wilde – ständig in Geldnot und auf die Gunst seiner Freunde angewiesen – ihn um Hilfe bittet, weist er ihm die Tür. Es ist ihre letzte Begegnung. Wie eine große dicke Dirne sei Wilde ihm vorgekommen, berichtet Bosie, und das habe er ihm auch gesagt.

Im Herbst 1900 bekommt Wilde eine Innenohrentzündung, die nach erfolgloser Behandlung das Gehirn angreift. Am 30. November stirbt Oscar Wilde, wie Robert Ross berichtet, unter Qualen.

Bei der Beerdigung macht Alfred Douglas Ross heftige Vorwürfe, dass er ihn nicht ans Krankenbett geholt habe. Er widmet dem toten Freund ein Sonett:

Nachts träumte ich von ihm, – sah sein Gesicht
Ganz strahlend, nicht im Schatten trüber Qual.
Wie einst in Melodien ohne Zahl
Hört ich die goldne Stimme, und sie spricht. –

Er schürfte Anmut aus des Alltags Schicht
Und schürfte aus dem Nichts ein Wundermal,

Bis sich in Schönheit hüllt, was bleich und kahl,
Und uns die Welt erglänzt im Zauberlicht.

Doch – als ich vor verschloßnem Tore stand,
Da trauert ich um manch verlornes Wort, –
Verschollne Sagen, rätselhafte Not, –
Manch Wunder, das noch nie die Sprache fand, –
Gedankenvögel, die erstickt im Mord,
Dann wacht' ich auf und wußte: – er war tot!

»Es heißt, die Liebe habe einen bitteren Geschmack«, sagt
Oscar Wildes Salome. »Doch was tut's? Was tut's? Ich
habe deinen Mund geküsst, Jochanaan, ich habe deinen
Mund geküsst.«

»Weiß ist Deine Seele, wie Dein Leib weiß ist«

LOTTE LENYA UND KURT WEILL

Das Theater am Kurfürstendamm, Herbst 1922. Eine junge Tänzerin aus Wien stellt sich vor – sie lebt seit über einem Jahr in Berlin, ohne eine richtige Arbeit gefunden zu haben. Gesucht werden Tänzer und Schauspieler für eine Ballettpantomime: *Die Zaubernacht*. Als die Debütantin auf die Bühne gebeten wird, macht der Regisseur eine vage Bewegung in Richtung Orchestergraben. »Fräulein Lenya, darf ich Ihnen unseren Komponisten, Herrn Weill, vorstellen?« Lenya starrt ins Dunkel. »Wo ist er denn?«, fragt sie. Von unten kommt eine leise Stimme: »Was darf ich für Sie spielen, Fräulein Lenya?« Sie fragt, ob er den Walzer *An der schönen blauen Donau* spielen könne. Wiederum sehr leise und diesmal amüsiert antwortet die Stimme: »Ich glaube schon, Fräulein Lenya ...« Sie sieht von dem Mann im Graben nicht viel mehr als einen Schatten, er von ihr – eine Frage der Perspektive – vor allem die Beine. Lotte Lenya wird für die *Zaubernacht* nicht engagiert, und es ergibt sich somit zunächst keine Gelegenheit, den schüchternen Herrn im Schatten aus der

Nähe zu besehen. Aber das Schicksal sorgt für eine weitere Chance.

Knapp zwei Jahre später hat Kurt Weill eine Verabredung mit Georg Kaiser, einem der erfolgreichsten deutschen Theaterautoren im theaterbesessenen Berlin. Weill ist in Kaisers Sommerhaus-Idylle nach Grünheide eingeladen, außerhalb der Stadt am Müllensee gelegen. Das Boot, das ihn hinübersetzen soll, wird von einer jungen Frau gerudert. Sie trägt damenhaft helle Riemchenschuhe und einen Strohhut, was sie nicht hindert, die Ruder so beherzt zu packen wie ein Kutscher die Zügel. Lotte Lenya genießt Gastrecht bei den Kaisers, und an jenem Spätsommertag hat man sie gebeten, einen Komponisten abzuholen. Erkennen werde sie ihn schon, gibt Kaiser ihr mit auf den Weg, er sehe genauso aus, wie Komponisten eben aussehen.

Dem scheuen jungen Mann aus Dessau muss die Lenya vorgekommen sein wie die Inkarnation all dessen, wovor Mütter Söhne warnen: Mehr Knäbin als Frau, hat sie das, was man Sex-Appeal nennt. Als Halbwüchsige ist sie dem prügelnden Vater entwischt und zu einer Tante nach Zürich gezogen. »Hübsch bist du nicht, Linnerl«, hatte die Mutter zum Abschied gesagt, »aber die Männer werden dich mögen ...« Die Erfahrung, dass man mit dem Verkaufen des eigenen Körpers Geld verdienen kann, hat sie da schon hinter sich. In Zürich nimmt sie Ballettunterricht. Sie lernt einen reichen Mann kennen, zieht zu ihm und brennt schließlich mit dem Schmuck, den er ihr schenkt, und einer Freundin nach Berlin durch. Als Georg Kaiser sich ihrer annimmt, ist sie 26 Jahre alt.

Kurt Julian Weill, Meisterschüler von Ferruccio Busoni,

klein, vorsichtig und bescheiden, stammt aus gutbürgerlicher jüdischer Familie. Auch für ihn ist es nicht einfach, sich in der Großstadt über Wasser zu halten. Er arbeitet einerseits an seinen Kompositionen und andererseits als Organist in einer Synagoge und Klavierspieler in einer Kneipe.

Im Boot auf dem Müllensee, so erzählt Lenya später in einem Interview, habe ihr der Mann mit den dicken Brillengläsern, dem schon die Haare begannen auszugehen, spontan einen Heiratsantrag gemacht. Daraufhin sei man sich sehr viel nähergekommen als sonst in Ruderbooten üblich. Es kann als sicher gelten, dass die Initiative dabei von weiblicher Seite ausging, denn Lenyas Talent, Männern die Wonnen der Liebe schmackhaft zu machen, ist ausgeprägt. Jedenfalls, so viel ist verbürgt, fällt dem Komponisten im leidenschaftlichen Überschwang die Brille ins Wasser.

Am 28. Januar 1926 heiratet das Paar ein erstes Mal. Zwei Jahre darauf erleben beide an der Seite des Stückeschreibers Bert Brecht ihren größten Triumph: die Premiere der *Dreigroschenoper* im Theater am Schiffbauerdamm. Die schmissigen Songs, die Kurt Weill für das Erfolgsstück schreibt, begründen seinen Weltruhm, und Lotte Lenya in der Rolle der Seeräuber-Jenny wird über Nacht zum Star. »Sie singt hoch, leicht, gefährlich, kühl, mit dem Licht der Mondsichel«, schwärmt der Philosoph Ernst Bloch.

Der ernsthafte Weill, der oft tagelang ohne Unterbrechung über seinen Kompositionen brütet, entdeckt in der Verbindung zur Frau seines Herzens ganz neue Seiten an sich selbst:

Anfang bist Du und Ende, Offenbarung von oben und Rede
des Kindes, Sonnenaufgang und Dämmerung des Abends ...
Weiß ist Deine Seele, wie Dein Leib weiß ist. Alle Schönheit
der Wolken und der Erde sind auf Dir ... Ich habe eine
Bestimmung: in Dir unterzugehen, in Deinem Leben zu
verschwinden, in Deinem Blute, Deinem Sein entgegen, zu
ertrinken. Ich sehe mich in Dir – und zum ersten Mal ahne
ich, was ich bin, da ich in Dir sein darf, wie das Bild im
Quell ... Nicht Paradies ist, was wir erwarten, sondern hei-
ßes, brennendes Leben.

Er habe nichts dagegen, ihr Lustknabe zu sein, ergänzt
der verliebte Komponist, das sei mehr als ein Freund und
weniger als ein Gatte ...
Die *Münchner Illustrierte* macht im April 1929 eine Um-
frage zum Thema Ehefrauen. Kurt Weill antwortet: »Sie
ist eine miserable Hausfrau, aber eine sehr gute Schauspielerin. Sie kann keine Noten lesen, aber wenn sie singt,
dann hören die Leute zu wie bei Caruso. (Übrigens kann
mir jeder Komponist leidtun, dessen Frau Noten lesen
kann.) Sie kümmert sich nicht um meine Arbeit (das ist
einer ihrer größten Vorzüge). Aber sie wäre sehr böse,
wenn ich mich nicht für ihre Arbeit interessieren würde.
Sie hat stets einige Freunde, was sie damit begründet,
dass sie sich mit Frauen so schlecht verträgt. (Vielleicht
verträgt sie sich aber auch mit Frauen darum so schlecht,
weil sie stets einige Freunde hat.) Sie hat mich geheiratet,
weil sie gerne das Gruseln lernen wollte, und sie behauptet, dieser Wunsch sei ihr in ausreichendem Maße in Erfüllung gegangen. Meine Frau heißt Lotte Lenya.«
Wenig später – in Deutschland marschieren die Nazis –

trennen sich ihre Wege. Zu viele erotische Eskapaden ihrerseits, und auch »das Weillchen«, wie Lenya ihn liebevoll nennt, huldigt nicht mehr allein seiner Musik: Er flüchtet in die Arme einer anderen Frau.

Zum Abschied für länger kommt es dennoch nicht. Zwar lässt man sich offiziell scheiden, findet aber in der Emigration wieder zueinander. Und als Lotte Lenya und Kurt Weill 1937, elf Jahre nach dem ersten Versuch, in Amerika ein zweites Mal heiraten, da ist es für immer. Die Eheringe erstehen sie bei Woolworth, sie kosten 50 Cent. Treu im bürgerlichen Sinn ist man sich auch diesmal nicht. Und doch ist eine große Nähe da – offensichtlich wächst die Liebe mit den Jahren noch. »Die Melodien, die ich erfinde«, sagt Kurt Weill, »höre ich immer in Lenyas Stimme.«

Im März 1950 erleidet er einen schweren Herzinfarkt und

wird ins Lower-Fifth Avenue Hospital in Manhattan gebracht. Durch ein Sauerstoffzelt hindurch betrachtet Lenya sein fahles Gesicht. Er ist in Bewusstlosigkeit gefallen, erwacht aber wieder. Mit zwei Stoffen, *Huckleberry Finn* und *Moby Dick*, wolle er sich noch beschäftigen, flüstert Weill – sein Tribut an Amerika – »… und dann ruhe ich mich etwas aus«. Er scheint sich zu erholen, aber wenig später geht es ihm wieder schlechter. Am 3. April sieht Lenya mit Erstaunen viele Ärzte um sein Bett versammelt. Sie beschwören sie, nur wenige Minuten bei ihm zu bleiben, es strenge ihn zu sehr an. »Lenya«, fragt Kurt Weill seine Frau, »liebst du mich wirklich?« »Nur dich«, sagt sie. Den Druck ihrer Hand erwidert er nicht mehr, und sie spürt, wie Tränen in ihr hochsteigen.

Nach dem Tod ihres Mannes wird seine Witwe zur engagierten Verwalterin des Weill'schen Erbes. Natürlich spielen andere Männer wieder eine Rolle für sie, aber Weills Musik bleibt für sie, die Notenunkundige, das zentrale Motiv ihres Lebens. Immer wieder singt sie in ihrer unnachahmlichen Art seine Songs, macht Filme und spielt Theater. Sie überlebt Kurt Weill um 31 Jahre und stirbt am 27. November 1981 in New York. Wie es sich für eine Seeräuber-Jenny gehört, sind ihre Fingernägel blutrot lackiert, und den Busen hat sie sich liften lassen, als sie schon über 80 war.

»Hinter mir eine Blutspur von den Stacheln der Lust«

MARILYN MONROE UND ARTHUR MILLER

Er liebt ihre Schlagfertigkeit, ihren Witz, sie liebt – seine Schönheit. Die Brille, die schiefen Zähne, sein Lächeln auf Fotos mit den stets geschlossenen Lippen, das Haar, das sich vorn leicht lichtet. Natürlich liebt sie ihn auch, weil er sie liebt, denn für sie kommt das einem Wunder gleich: Einer wie er kann eine wie sie doch höchstens als Attraktion am Rande wahrnehmen. Als eine Frau, die man mit wohlmeinendem Interesse betrachtet, zurückgelehnt, mit verschränkten Armen und einem Lächeln, das einen Mundwinkel stärker in Anspruch nimmt als den anderen.

Sich mit ihr unterhalten zu wollen – so kommt es ihr vor, wenn sie sich selbst aus seiner Perspektive zu sehen versucht –, erübrigt sich eigentlich. Schließlich gilt sie als schön und blond und nicht viel mehr, und er ist ein Intellektueller. Einer, der den Pulitzerpreis bekommen hat, und so einer unterscheidet sich von jener Sorte Mann, an die sie gewöhnt ist. An die Sorte, die beide Hände braucht, wenn es darum geht, eine Frau zu beschreiben. Solche

Männer sprechen Frauen nicht an, um mit ihnen zu diskutieren. Der Mann aus New York dagegen kommt aus einer anderen Welt. Als ihr Arthur Miller vorgestellt wird, hat Marilyn Monroe durchaus Sinn für seine Körpersprache, ohne dass ihr entgeht, was er verbal zum Ausdruck bringt. Sie ist viel zu sehr Schauspielerin, um nicht beides gleichermaßen zu bemerken. Bevor es zum Händeschütteln kommt, hat er Gelegenheit, sie am Set zu beobachten. Der Theater- und Filmregisseur Elia Kazan, Geliebter der Monroe, ist mit seinem Drehbuchautor Miller in Hollywood, um dem Chef der Columbia Pictures ein gemeinsames Projekt vorzuschlagen.

Die Entscheidung lässt auf sich warten, und Kazan nimmt seinen Freund mit in das Studio, in dem gerade *As Young As You Feel* gedreht wird. Für Marilyn der elfte Film, in dem sie spielt, was sie nicht ist: das süße Dummchen. Herausragende Eigenschaft: blond. Er sieht sie in einem schwarzen Spitzenkleid, das die durchschimmernde Haut wie Marmor erscheinen lässt. Sie geht durch einen Raum. Ein bärtiger Mann beobachtet sie.

Die Kamera beobachtet sie und den Beobachter. Miller beobachtet sie und die Kamera. Die konzentriert sich auf Marilyns bemerkenswerten Hüftschwung, eine Bewegung von übertriebener Dynamik, so kommt es ihm vor, dennoch harmonisch und den ganzen Körper einbeziehend. Später schreibt er:

»Es war tatsächlich ihr natürlicher Gang, am Strand bildeten ihre Fußabdrücke eine gerade Linie, sie setzte die Ferse genau vor dem letzten Zehenabdruck auf, und das brachte ihr Becken in Bewegung.«

Auf einer Party, auf die Kazan ihn schickt, sieht er sie

wieder. Kazan ist verheiratet, er will es bleiben und fände es nicht schlecht, wenn ein anderer Ehemann die Betreuung der schönen Blonden übernähme. Es muss ja nicht für immer sein. Er selbst verspätet sich: »Als ich ankam, konnte ich erkennen, dass Begehren sich mit Begehren getroffen hatte und dass das liebliche Licht der Begierde aus ihren Augen leuchtete …«

Miller beschreibt es so: »In diesem Raum voller Schauspielerinnen und Ehefrauen wichtiger Männer … wirkte Marilyn Monroe beinahe so lächerlich provozierend, wie ein fremder Vogel in der Voliere – und sei es auch nur, weil sie ein so unverschämt enges Kleid trug, das nicht andeutete, sondern offen erklärte, dass sie ihren Körper mitgebracht hatte und dass er der schönste im Raum war … Ihre Vollkommenheit schien unvermeidlich die Wunde hervorzubringen, die sie den anderen ähnlicher machen würde. Es war ihre Vollkommenheit, die den Wunsch weckte, sie zu verteidigen.«

Sie verteidigen wollen, weil er ihre Wunden spürt, ihre Verletzbarkeit, das ist es, was seine Sympathie für sie wachsen lässt.

»Anscheinend stand sie jetzt allein auf der Welt«, resümiert er, und sein Wunsch, ihr helfen zu wollen, rückt dicht neben die Begierde, die Elia Kazan in den Augen des Freundes glitzern gesehen haben will. Pure Begierde gestattet sich ein Mann wie Arthur Miller auch dann nicht, wenn die Begehrte scheinbar nichts anderes von ihm erwartet. Zu dritt – Miller, Monroe, Kazan – besuchen sie Partys, gehen am Strand oder in der Stadt spazieren, bis Kazan zu erkennen glaubt, dass sein Plan offensichtlich aufgeht und es an der Zeit ist, »galant beiseitezutreten«.

Tatsächlich freut Miller sich zunächst vor allem an Monroes Unbefangenheit. Er empfiehlt ihr Gedichte von Frost und Whitman, und es entzückt ihn, dass sie so mühelos auf dessen stilisierte Sprache reagieren kann.

Je besser er sie kennenlernt, desto weniger kann er tun, was alle von ihm zu erwarten scheinen: Kazan, der lächelnde Dritte, die Leute auf den Partys, sogar die Spaziergänger, die ihnen am Strand entgegenkommen. Marilyn irritiert seine Zurückhaltung. Sie hat noch nie erlebt, dass ein Mann zwar wie beiläufig im Gespräch ihre Hand, ihre Schultern berührt, sie aber nicht eine halbe Stunde später umarmt und am Abend mit ihr schlafen will. Miller bringt es fertig, sie ziemlich lange allein und ungeküsst ins Bett zu schicken, ehe er ihren raffiniert-unschuldsvollen Verführungen erliegt. Die Ruhe hat sie ihm allerdings von Anfang an geraubt. Er kann sich nicht auf das Drehbuch, an dem er gerade schreibt, konzentrieren, schwimmt stundenlang im Pool seiner Gastgeber auf und ab,

hinter mir eine Blutspur von den Stacheln der Lust.

Er gesteht sich ein, dass sie ihn reizt, auf eine nie dagewesene Art, diese Frau mit den idealen Proportionen und dem »lauteren, unfaßbaren Geist«, und ruft sich im gleichen Atemzug zur Ordnung: »Ich sagte mir zum letzten Mal, dass ich abreisen müsste.« Dass ihm nun ausgerechnet eine Frau gefällt, die zumindest auf den ersten Blick den Hollywood-Stil repräsentiert wie keine zweite, verwirrt ihn zunehmend. Die Abreise muss er vorerst verschieben, weil Harry Cohn, der Boss der Columbia Pictures, noch immer keine Entscheidung gefällt hat. Dafür kommt es zu einem weiteren Treffen mit Marilyn. Miller spürt, dass er den Boden unter den Füßen zu verlieren droht.

Ich wollte diese Frau verzweifelt.

Dann die letzte Szene: Frühsommer 1951. Abschied. Das Filmprojekt, das er mit seinem Freund geplant hatte, scheitert. Kazan und Marilyn begleiten Miller zum Flughafen. Sie lächelt zu ihm auf, er sieht auf ihren Mund, hat ein letztes Mal den vertrauten Geruch in der Nase: Parfüm und Schweiß und Schminke und die undefinierbare Mischung, die auf ihrer Haut daraus entsteht.

»Beim Abschied küsste ich sie auf die Wange, und sie holte überrascht Luft. Ich lachte über ihre übertriebene Reaktion, bis die Ernsthaftigkeit in ihren Augen mich erschreckte und ich mein Lachen bedauerte. Ich beeilte mich, wegzukommen. Mich rief nicht allein die Pflicht, ich musste ihrer kindlichen Unersättlichkeit entfliehen ...«

Miller fliegt nach Hause zu seiner Familie. Seine Frau Mary hatte er während des Studiums kennengelernt, sie haben zwei Kinder. »Als Mann von fünfunddreißig schien ich nichts anderes getan, als gearbeitet zu haben; wie Thornton Wilder es in ›Die Heiratsvermittlerin‹ ausdrückt, hatte ich viele Abenteuer gehabt, aber keine Erfahrung. Wann, so fragte ich mich, hört man auf zu arbeiten und fängt an zu leben?« Und etwas später: »Etwas stimmte in meinem Leben nicht. Vielleicht hatte ich einfach zu jung geheiratet.« Die Rückkehr ist ein Bekenntnis zur Moral, aber die »ist nicht mehr identisch mit der Wahrheit«.

Seine Frau kennt ihn zu gut, als dass ihr seine Unruhe entginge. Sie fragt nicht, registriert aber mit Besorgnis, dass er nicht arbeitet. Später schreibt er über diese Zeit, dass er einen nicht zu leugnenden inneren Druck gespürt habe, »aus der Umgebung auszubrechen, die für mich eine leere Schale der Selbstverleugnung geworden war ...

41

An manchen ausgetrockneten Abenden war ich nahe daran, mich ans Steuer zu setzen und nach Westen zu fahren. Aber auch dazu war ich nicht der Mann.«

Schließlich arbeitet er am neuen Stück – legt es aber unvollendet zur Seite.

Der nächste Wurf – *Hexenjagd* – wird ein Erfolg. Die autobiographischen Bezüge sind unverkennbar. Zwar geht es vor allem um die Kommunistenverfolgung in der McCarthy-Ära, aber Miller beschreibt auch die Liebe eines älteren Mannes zu einer jungen Frau und dessen Schuldgefühle der Ehefrau gegenüber.

Marilyn hat ein Foto von Miller aufgehängt und wagt es, ihm zu schreiben.

Die meisten Menschen können ihren Vater bewundern. Ich hatte niemals so einen Menschen. Ich brauche jemanden, den ich bewundern kann.

Miller versagt es sich, sie und sich ernst zu nehmen, und empfiehlt ihr, Abraham Lincoln zu bewundern, wenn es denn sein müsse. Er überliest seinen Brief noch einmal, und bevor er ihn in den Umschlag schiebt, schreibt er noch, dass er nicht derjenige sei, durch den sie ihr Leben finden könnte.

Ich wusste, sie stellte sich vor, ich wäre es und wünschte ihr alles Gute.

Für Marilyn, die sich tatsächlich ein Lincoln-Foto besorgt, bestätigt sich, was sie gleich am Anfang empfunden hat: Eine wie sie kommt nicht für ihn in Frage, wie sollte sie. Er hatte nur ein kurzes Gastspiel gegeben in ihrer Welt und war wieder dorthin zurückgekehrt, wo es um moralische Integrität, Ernsthaftigkeit und das intellektuelle Vergnügen an der Arbeit geht. All das, wonach sie sich sehnt und was niemand jemals mit ihr in Verbindung gebracht hat – außer ihm.

Am 14. Januar 1954 heiraten zwei amerikanische Publikumslieblinge: Marilyn Monroe und der Baseballspieler Joe DiMaggio. Sie schenkt ihm ein Amulett mit einem eingravierten Satz aus *Der Kleine Prinz* von Saint-Exupéry: »Man sieht nur mit dem Herzen gut. Das Wesentliche ist für die Augen unsichtbar.« Noch im Herbst desselben Jahres wird die Ehe wieder geschieden.

Marilyn Monroe, Ende Zwanzig inzwischen, erkennt, dass sie sich in Hollywood nicht weiterentwickeln kann, dass man sie dort mit den immer gleichen Klischees behängt, und entschließt sich, nach New York zu gehen. Sie will Schauspielunterricht nehmen, eine Psychoanalyse machen und Produzentin werden. Sie will ernst genommen und von den Ernsthaften gesehen werden. Für 30 Dollar im Monat besucht sie das berühmte Actors Studio von Lee Strasberg. Freunde nehmen sie mit auf eine Party. Zum Glück hat niemand erwähnt, das Arthur Miller dort sein würde. Sonst wäre sie vor lauter Angst vielleicht nicht hingegangen.

Jahre hat Miller damit verbracht, einen Damm aufzuschütten zwischen sich und seinen Gefühlen für diese Frau.

Der Gedanke, sie zu verdrängen, war unerträglich.

Und im Augenblick, als er sie sieht, wird ihm bewusst, wie viel Energie er trotz dieser Erkenntnis in die Verdrängung gesteckt hat, und dass alles vergeblich war.

»Als wirbelndes Licht« erscheint sie ihm, als »ein Paradox und ein verlockendes Geheimnis«. Er hat jetzt nicht mehr die Wahl.

Ich trieb in einem reißenden Strom dahin, für mich gab es kein Verweilen und keinen Halt ...

Wenn er arbeitet, ist er

immer nur halb bei der Sache in der Hochstimmung, in die mich das Leben mit Marilyn versetzte, und gleichzeitig quälten mich Schuldgefühle. In meinem Kopf drehte sich alles, und ich war betrunken von der gleißenden, unerschöpflichen Schönheit des Lebens.

Wunderbarerweise versteht er sich darauf, ihr seine Gefühle zu vermitteln. Sie fühlt sich geborgen bei ihm – erkannt und dennoch geliebt. Ein unvorstellbares Glück. Sie wohnt im 27. Stockwerk des Waldorf Towers, und dort treffen sie sich. »Deine Augen ergreifen mich«, sagt er, und es kommt ihm vor, als sei sie die traurigste Frau, die er je gesehen hat.

Wir sahen uns an und warteten darauf, dass die Zukunft beginnt.

Sie drängt ihn nicht, seine Frau zu verlassen. Eine andere Rolle als die der Geliebten kann sie sich gar nicht vorstellen. Er aber will die radikale, die absolute Veränderung und trennt sich Knall auf Fall von Frau und Kindern. Sie wagt es jetzt, daran zu glauben, daß ihre Liebe dauern wird:

Ich will nicht mehr allein kämpfen. Ich will mit dir auf dem Land leben und eine gute Ehefrau sein.

Sie wünscht sich ein Kind. Er liebt sie,

als hätte ich sie mein ganzes Leben lang geliebt, ihr Schmerz war mein Schmerz ...

Ausgerechnet vor dem »Komitee gegen unamerikanische Aktivitäten« in Washington, das ihn vorgeladen hat, und damit vor der Weltpresse verkündet Arthur Miller, dass er

und Marilyn Monroe heiraten werden. Eine Nachricht für die Seite eins: Der linksintellektuelle Dramatiker und der Traum von Millionen Männern, der Pulitzerpreisträger und die Sexgöttin, reichen sich die Hand zur Ehe.

Als sie dann tatsächlich heiraten – am 29. Juni 1956 –, ist der Traum schon fast vorbei. »Hope, hope, hope«, schreibt Marilyn auf ein Hochzeitsfoto, und er lässt ein beherztes »Now is forever« in die Eheringe eingravieren.

»Lieben bedeutet, jemanden zu sehen, wie Gott ihn gemeint hat«, sagt der russische Dichter Tolstoi. Marilyn trägt zu viele Verwundungen mit sich herum – ihre traumatische Kindheit, ihre Tablettensucht, ihre wuchernden Ängste –, der Blick darauf, wie Gott sie gemeint haben könnte, war auf immer verstellt.

Es setzt sich fort, was Miller »die kleinen Selbstmorde Nacht für Nacht« nennt: Marilyns Schlaftablettenkonsum ist beängstigend. Er fängt an, sie zu bemitleiden, und lässt sie das wissen. Schlimmer noch, sie verlieren die Achtung voreinander:

Wir hatten beide versagt, die Zauberformel zu finden, die das Leben des anderen hätte verändern sollen. Wir waren, wie wir früher gewesen waren – nur schlimmer.

Ein paar Jahre lang eine Krise nach der anderen: Die Scheidung ist am 11. November 1961. Marilyn arbeitet weiter, aber ihr 30. Film wird nicht mehr fertig. Sie ist 36 Jahre alt, als es am 5. August 1962 nach 40 Schlaftabletten kein Aufwachen mehr für sie gibt.

Arthur Miller heiratet im selben Jahr die österreichische Fotografin Inge Morath.

»Gib mir deine Hand auf die Stirn, damit ich Mut bekomme«

DORA DIAMANT UND FRANZ KAFKA

»So zarte Hände, und sie müssen so blutige Arbeit verrichten!« Dora erschrickt. Sie hat nicht damit gerechnet, dass der schmale junge Mann, den sie einige Male am Strand und in der Stadt gesehen hat, ihr bis in die Küche folgen würde. Eine ihrer Hände steckt in einer Schüssel mit Heringen, die andere hält ein Messer. Sie ist dabei, die Fische auszunehmen und zu putzen: das Abendessen für ein paar Dutzend Kinder im Ferienhaus des jüdischen Volksheims Berlin.

Der junge Mann lehnt am Türrahmen. Er lächelt, hält dabei den Kopf leicht geneigt, wie es typisch ist für ihn, und verschränkt die Arme vor der Brust. Er trägt einen dunkelgrauen Anzug, ein Hemd, eine Krawatte sogar – er sieht nicht nach Sommerfrische aus. In der letzten Woche schon ist er Dora am Strand aufgefallen: seine zarte Gestalt, die braunen Augen, die dunkle Haut. Seine freundliche, teilnahmsvolle Art, Menschen zu beobachten. Zusammen mit seiner Schwester und ihren Kindern macht Franz Kafka Urlaub im Ostseebad Müritz.

Er liebt es, den Kindern beim Spielen zuzusehen. »Die halben Tage und Nächte«, schreibt er, »ist das Haus, der Wald und der Strand voll Gesang. Wenn ich unter ihnen bin, bin ich nicht glücklich, aber vor der Schwelle des Glücks.«

Dora Diamant, 19 Jahre alt, stammt aus einer streng orthodoxen ostjüdischen Familie und ist während des Ersten Weltkriegs nach Breslau, dann nach Berlin gezogen. Über den Westen hat sie viel gehört: Wissen und Klarheit seien hier zu finden, ein Lebensstil außerdem, der fortschrittlich sei und angenehm. Später erst bemerkt sie – die sich selbst mit einer Figur vergleicht, die aus einem Dostojewski-Roman entsprungen sein könnte – die tiefe Ruhelosigkeit der Menschen, ihren Mangel an Orientierung, an geistiger Substanz.

Kafka dagegen, gebildet und gepflegt, jüdisch und westlich zugleich, beeindruckt sie tief: »Als ich ihn das erste Mal sah, erfüllte sein Bild sofort meine Vorstellung vom Menschen.«

Umgekehrt fühlt er sich von ihrer Freundlichkeit angezogen, ihrem Ernst und ihrer Natürlichkeit: Nichts, was Frauen für ihn einerseits begehrenswert und andererseits bedrohlich gemacht hatte, haftet ihr an. Er hat vom ersten Augenblick an völliges Vertrauen und ist zugleich begeistert von ihrem lebhaften Temperament. Als »wunderbares Wesen« erscheint sie ihm.

Am Abend nach der kurzen Begegnung in der Küche – das Fischgericht ist zubereitet – sitzen Kinder und Helfer zum Essen an langen Tischen. Franz Kafka setzt sich dazu, obwohl er Vegetarier ist. Ein kleiner Junge steht auf und wird im Hinausgehen so verlegen, dass er stolpert und hinfällt.

Die anderen Kinder lachen. »Wie geschickt bist du gefallen«, sagt Kafka zu ihm, »und wie geschickt wieder aufgestanden!« Als wollte er damit ausdrücken, dass alles irgendwie zu retten sei, so jedenfalls kommt es Dora vor. Nur ihm selbst, schreibt sie, war nicht zu helfen:

Kafka war unrettbar.

Von nun an verbringen sie die freie Zeit, die Dora hat, gemeinsam am Strand. Sie laufen am Wasser entlang, Dora zieht die Sandalen aus und erlaubt den Wellen, ihre Knöchel zu umspülen. Er erzählt ihr von Prag, von seiner Arbeit als Schriftsteller und Angestellter einer Versicherungsgesellschaft und von seinen Eltern. Sie ihm von ihrer galizischen Heimat, der Reaktion ihrer Familie, als sie von zu Hause weggegangen ist, von ihrer Sorge, dass das Licht im Westen so hell nicht strahlt, wie es ihr im Osten erschienen ist.

Kafka, der mit dem Gedanken spielt, irgendwann einmal nach Palästina zu gehen, ist begeistert, dass Dora fließend Jiddisch und Hebräisch spricht. Er ist doppelt so alt wie sie und kommt ihr doch sehr jung vor, überlegen einerseits und andererseits beschützenswert wie ein Kind. Sie liebt es, seine zarten Hände gestikulieren und in die Luft Figuren malen zu sehen. Das geschieht sehr oft, denn Kafka ist ein hingebungsvoller Erzähler. »Seine Ausdrucksweise im Gespräch war ebenso bildhaft wie seine Dichtungen«, schreibt sie. Er sei immer heiter gewesen und zu Späßen aufgelegt. Mit den Händen Schattenbilder an die Wand zu entwerfen, ist ein Vergnügen für beide, aber er, berichtet sie, sei dabei der weitaus Geschicktere gewesen.

Es vergehen nur ein paar Tage, ehe sie über eine gemeinsame Zukunft sprechen. Es kommt ihr vollkommen natürlich vor und so, als sei in ihnen die Bereitschaft, einander zu begegnen, lange gewachsen. Kafka will weg aus Prag, wo er sich bedrückt und eingeengt vorkommt. Es ist ein langgehegter Traum, der Familie endlich zu entkommen.

Nach den drei Wochen am Meer kehrt er allerdings noch einmal nach Hause zurück. Sein Gesundheitszustand ist schlecht – Kafka leidet seit Jahren an Tuberkulose –, und fast droht seine Flucht wieder zu scheitern. Ende September schließlich – nach einer weiteren Auseinandersetzung mit den Eltern – fährt er zu Dora nach Berlin. »Innerhalb meiner Verhältnisse«, schreibt er einem Freund, »ist das eine Tollkühnheit, für welche man etwas Vergleichbares nur finden kann, wenn man in der Geschichte zurückblättert, etwa zu dem Zug Napoleons nach Rußland ...«

In Deutschland, speziell in der Hauptstadt, sind die Probleme groß. 1923, kurz vor Kafkas Ankunft, scheint die Inflation nicht mehr zu bremsen. Arbeiter fahren ihren Tageslohn auf Schubkarren nach Hause. Kafka lebt von einer kleinen Pension, die ihm die Versicherungsgesellschaft, für die er gearbeitet hat, gewährt, und muss erleben, dass sein Geld dahinschmilzt.

»Das Zimmer kostet nicht mehr 20 K, sondern für September etwa 70 K und für Oktober mindestens 180 K, die Preise klettern wie die Eichhörnchen bei euch ...«, schreibt er seiner Schwester Ottla. Die Eltern schicken Lebensmittelpakete nach Berlin.

Obwohl es ihnen wirtschaftlich schlecht geht und der Gesundheitszustand des Dichters bedenklich bleibt, leben Dora und Franz in Frieden miteinander, als schützte

ihre Liebe sie davor, an den Umständen allzu sehr zu leiden. Außerdem ist Kafkas Erleichterung, »den Gespens-
tern der Vergangenheit« entkommen zu sein, so groß,
dass dagegen alles andere verblasst. Und Dora, gewöhnt
an ein hartes Leben, ist glücklich, mit dem Mann zusammensein zu dürfen, den sie liebt. Das Glück einer Frau,
das hat man sie schon als Kind gelehrt, währt ohnehin
nur Augenblicke und ist dem Schmerz abgerungen.
In Berlin-Steglitz, damals ein ländlicher Randbezirk der
Großstadt, findet das Paar eine kleine möblierte Wohnung. Im Steglitzer Park geht Kafka gern spazieren.
Manchmal gehen sie auch zu zweit, und wenn, dann immer Arm in Arm und mit einem Lächeln füreinander.
Eines Tages treffen sie ein kleines Mädchen, das verzweifelt weint, weil es seine Puppe verloren hat. Kafka beginnt
ein Gespräch mit der Kleinen und erklärt ihr, die Puppe
habe ihm geschrieben, sie sei gerade auf Reisen. Täglich
müssen von nun an Botschaften der Puppe weitergegeben

werden, bis das kleine Mädchen nach und nach damit einverstanden ist, dass die Puppe eigene Wege geht. Lange überlegt der Dichter, welches Ende er seiner Geschichte geben soll. Dann entschließt er sich, die Puppe heiraten zu lassen, und beschreibt der Kleinen im Park die Verlobungs- und Hochzeitsvorbereitungen in allen Einzelheiten. »Du wirst selbst einsehen«, heißt es im letzten Brief, den die Puppe schreibt, »daß wir in Zukunft auf ein Wiedersehen verzichten müssen ...«

Dora ist von der liebenswürdigen Sorgfalt, die ihr Freund für die Kleine aufbringt, ganz verzaubert. »Franz hatte den Konflikt eines Kindes durch die Kunst gelöst, durch das wirksamste Mittel, über das er persönlich verfügt, um Ordnung in die Welt zu bringen.«

Fasziniert und besorgt beobachtet sie, was sie »den Spannungsgehalt der Tage« nennt. Sie unterscheidet purpurrote, dunkelgrüne oder blaue Tage. Damit sind die Stimmungen gemeint, die den Schreibphasen des Dichters vorausgehen.

Er musste schreiben, weil ihm das Schreiben die Luft zum Leben war.

Jedesmal bevor er schreibt, kommt quälende Unruhe über ihn: »Gewöhnlich wanderte er schwerfällig und unlustig umher ... er sprach wenig, aß ohne Appetit, nahm an nichts Anteil und war sehr niedergeschlagen.«

Er schreibt nächtelang. Dora schläft oftmals darüber ein: »... auf einmal saß er neben mir, ich erwachte und blickte ihn an. In seinem Gesicht hatte sich eine deutlich wahrnehmbare Veränderung vollzogen, die Spuren der geistigen Anspannung lagen so klar zutage, dass sein Gesicht dann völlig verwandelt war.«

Während Dora ihm auf Hebräisch aus der Bibel vorliest, liest er ihr vor, was er nachts schreibt: »Mitunter erschien es mir voller Humor, vermischt mit einer gewissen Selbstironie …«

Auch aus Grimms und Andersens Märchen liest er ihr vor, E.T.A. Hoffmanns *Kater Murr,* oder Kleists *Die Marquise von O.* Der Vermieterin gefällt es gar nicht, dass da einer nächtelang schreibt und Strom verbraucht. Dora kauft dem Dichter eine Petroleumlampe.

Manchmal träumen sie davon, verheiratet zu sein. Sie würden ein Lokal eröffnen. In Berlin oder in Palästina. Dora würde kochen, Franz wäre der Kellner. Tatsächlich schreibt Dora ihrem Vater von diesen Plänen. Der befragt den Rabbi, und dieser lehnt den Bräutigam rundheraus ab. Als nicht praktizierender Jude sei Kafka kein Mann, der für Dora in Frage komme.

Um die Jahreswende 1923/24 – der Dichter und seine Geliebte sind inzwischen nach Berlin-Zehlendorf umgezogen – verschlechtert sich Kafkas Gesundheitszustand dramatisch: Schlaflosigkeit, hohe Temperatur, Atemnot. Ein letztes Mal reist er nach Prag, von wo aus er der Freundin fast täglich schreibt. Er kehrt nicht mehr nach Berlin zurück. Dora interpretiert den letzten Ausbruch der Krankheit als Befreiungsschlag:

Ich spürte es, dass er ihn geradezu mit Gewalt herbeigezwungen hat. Nun war ihm die Entscheidung aus der Hand genommen. Kafka begrüßte die Krankheit direkt, wenn er auch in den letzten Augenblicken seines Lebens gern weitergelebt hätte.

In einem Sanatorium im Wienerwald sehen sie sich wieder. Kafka kann nicht mehr schlucken und kaum noch

sprechen. Die Tuberkulose hat auf den Kehlkopf über-
gegriffen. Die Ärzte verhängen ein Schweigegebot. »Für
alles unfähig«, heißt Kafkas letzte Tagebucheintragung,
»außer für Schmerzen.« Um sich mit Dora zu verständigen, schreibt er kleine Zettel:

Wie viele Jahre wirst du es aushalten? Wie lange werde ich es
aushalten, daß du es aushältst?

Schon bald wissen die Ärzte nicht mehr weiter und raten
den beiden, nach Wien zu gehen, zu Professor Hajek, der
sei Spezialist für Kehlkopferkrankungen. Der Transport ist
schwierig, denn der Dichter ist schwach, 49 Kilo wiegt er
noch, und sehr schmerzempfindlich. Zudem steht nur ein
offener Wagen zur Verfügung, und nachdem das Wetter
Anfang April strahlend schön war, schlägt es wieder um,
einige Tage bevor Franz und Dora aufbrechen wollen.

Trotzdem verschieben sie die Reise nicht, und Dora stellt
sich während der ganzen Fahrt vor den Kranken, um ihn
mit ihrem Körper einigermaßen gegen Wind und Regen
abzuschirmen. »Bitte«, schreibt sie am 13. April an Kafkas Eltern, »wenn es irgendwie möglich ist, eine Daunen-
steppdecke, oder einfache Steppdecke und ein Polster zu
schicken ...«

Um überhaupt schlucken zu können, bekommt Kafka be-
täubende Alkoholinjektionen in den Hals. Allerdings sind
die Injektionen ihrerseits schmerzhaft.

Gib mir einen Augenblick die Hand auf die Stirn, damit ich
Mut bekomme.

Letzte Station auf dem Weg zum Tod ist das Sanatorium
in Kierling, einem Vorort von Wien. Kafkas Freund Robert Klopstock unterbricht sein Medizinstudium, um ans
Krankenbett zu eilen. Dora und er wechseln sich in der

Betreuung des Patienten ab. Kafka hat ein sonniges Balkonzimmer, er schwärmt davon in einem Brief an die Eltern, als sei er Gast eines mondänen Hotels und ganz dem guten Leben zugetan. Von dem Plan, ihn zu besuchen, bringt er sie vorsichtig ab. Sein Befinden sei im Augenblick nicht ganz so günstig. Viel schreibt er nicht mehr. Dora übernimmt die Korrespondenz, Franz fügt nur manchmal einige Sätze hinzu.

Noch einmal ein Strahl von Hoffnung: Kafka fühlt sich etwas besser, weil es warm wird im Mai und er im Freien liegen kann. »Er liegt von Morgens um 7 bis Abends 7–8 auf dem Balkon«, berichtet Dora seinen Eltern, »bis Mittag um 2 ist die Sonne, dann geht sie weg zu anderen Patienten, und statt ihrer steigt allmählich aus den Tiefen ein wunderbarer berauschender Duft auf, der wie Balsam wirkt. Bis Abend steigert er sich zu einer unglaublichen fast nicht zu ertragenden Stärke … alle Sinne verwandeln sich zu Atem-Organen, und alle zusammen atmen in sich die Genesung, den Segen …« Sie träumt von seiner Genesung, wie sie in Berlin davon geträumt haben, verheiratet zu sein und ein Restaurant aufzumachen. Stunden verbringt sie schweigend an seinem Bett, die Hände in den seinen, oder, weil er das so gern hat, eine Hand auf seiner Stirn. »Wenn du stirbst, sterbe ich mit dir«, sagt Dora, und er lächelt.

Mit seinem Freund Klopstock hat Kafka ausgemacht, dass er ihm ausreichend Morphium gibt, wenn die Schmerzen unerträglich werden, und er Dora wegschickt, wenn es zu Ende geht. Er will nicht, dass sie seinen Todeskampf miterleben muss.

Noch am Tag vor seinem Tod – zu essen und zu trinken ist ihm so gut wie unmöglich geworden – korrigiert Kafka den ersten Umbruchbogen seiner Erzählung *Der Hunger-künstler*, die drei Monate später erscheint.

Am 3. Juni um vier Uhr morgens bemerkt Dora, dass Kafka ungewöhnlich schwer atmet. Sie ruft Robert Klopstock, der weckt den Arzt. Unverzüglich werden dem Sterbenden Eisbeutel auf den Hals gelegt. Bis zum Mittag dauert es noch – Kafka verliert zeitweise das Bewusstsein –, ehe sich Klopstock seines Versprechens erinnert. Er schickt Dora mit einem Brief zur Post. Die Krankenschwester, die Kafka gepflegt hat, seit er in Kierling angekommen ist, erinnert sich, dass er keine Euphoriegefühle gehabt habe, wie sie sonst bei Tbc-Kranken auftreten. Seine Augen suchen Dora. Er wird unruhig. Die Pflegerin schickt ein Stubenmädchen ins Dorf, um Dora zu holen. Die kommt atemlos zurück mit Blumen in der Hand. Sie beugt sich über sein Bett. »Franz, sieh mal, die schönen Blumen, riech doch mal!«

Schwester Anna kann es kaum fassen: »Da richtete sich der Sterbende, der schon entrückt schien, noch einmal auf, und er roch an den Blumen. Es war unfassbar. Und noch unfassbarer war es, dass sich das linke Auge wieder öffnete und lebendig wirkte. Er hatte so wunderbar strahlende Augen, und sein Lächeln war so vielsagend, und Hände und Augen waren beredt, als er nicht mehr sprechen konnte.«

Dora trauert leidenschaftlich und mit der gleichen Hingabe, die sie dem Lebenden gewidmet hat. Bei der Beerdigung in Prag wirft sie sich auf das Grab. »Mein Lieber, mein Lieber, du mein Guter.«

»Wer Dora kennt«, schreibt Robert Klopstock an Kafkas Freund Max Brod, »nur der kann wissen, was Liebe ist.«

56

»Der Einzige, dessen Stimme zu ihr dringt«

JACQUELINE DU PRÉ UND CHRISTOPHER FINZI

Ein Flug von London nach Chicago. Die Stewardessen wie stählerne Lilien, hart und aufrecht. Mit glatt rasierten Beinen und unverrückbarem Lächeln. Vicky beugt sich zu Yvonne herunter, die gerade aus der untersten Etage ihres Servierwagens ein paar Stangen Zigaretten hervorholt.

»Hast du gesehen?«

»Du meinst den Typen ganz hinten, mit der gelben Krawatte?«

»Ich meine unsere beiden Darlings rechts in der Mitte ...«

»Wieso, was ist mit denen?«

»Die sind derartig zugange, man traut sich kaum hinzusehen ...« Vickys professionelles Lächeln zeigt Spuren echten Amüsiertseins. Yvonne richtet sich auf. Sie späht zu den Musikern hinüber. Das English Chamber Orchestra ist auf Tournee, mit ihm die Cellistin Jacqueline du Pré und der Pianist Daniel Barenboim, beide internationale Stars. Gerade sind sie dabei, sich in außermusikalische Sphären zu verlieren.

»Du hast recht«, sagt Yvonne, »wenn die so weitermachen, haben wir Venusberg und öffentliches Ärgernis in einem Aufwasch und mindestens einen weiteren Höhepunkt in der Geschichte der British Airways.« Vicky rückt unauffällig ihren Rock zurecht. »Ich dachte immer, in der Ehe wird man ruhiger ...«

Yvonne macht sich wieder in der unteren Etage des Servierwagens zu schaffen, aber nur, um Kräfte zu sammeln. Jetzt steht sie auf. Entschlossen und ruhig geht sie den Gang entlang. Das heftig schmusende Paar ist inzwischen vollends in Zärtlichkeit versunken, und beide haben nur noch Wahrnehmung füreinander. Sie sind ein Atem, und es kostet Überwindung, sie zu stören.

»Entschuldigen Sie, Sir ...«, ihr Lächeln ist vollendet höflich, »ich glaube, Sie sollten sich darauf besinnen, wo Sie sind ...«

Grinsen ringsherum. Der junge Mann hält inne und blickt an dem dunkelblauen Kostüm empor, das neben ihm Aufstellung genommen hat. Dann lässt er von seiner Frau ab und strahlt die Stewardess an.

»Ach, Schwester«, sagt er und genießt das Lächeln auf den Gesichtern der Kollegen, »es gibt Dinge zwischen Himmel und Atlantik, von denen die Stewardessenweisheit keine Ahnung hat ...«

Zwei Jahre zuvor: Weihnachtsabend 1966. Der Abend also, der unter dem besonderen Stern steht. Der Pianist Fou Ts'ong und seine Frau Zamira haben Freunde eingeladen. Fast ausschließlich Musiker. London hat ein reges musikalisches Leben, und wer von den Musikern nicht in England lebt, gastiert doch immer wieder mal an der

Themse. Zamira und ihr Mann führen ein offenes Haus, man kann sich auch kurzfristig anmelden, man geht gemeinsam aus, oder man kocht selbst, immer wird Musik gemacht, es gibt viel zu lachen und zu diskutieren, und viele empfinden die Zusammenkünfte in West Hamstead als eine Art Familienersatz.

Daniel Barenboim, mit 24 Jahren bereits ein international gefeierter Pianist und neuerdings auch Dirigent, lebt gerade in London, weil er eine intensive Zusammenarbeit mit dem English Chamber Orchestra plant. Er kennt die Gastgeber seit Jahren und folgt ihren Einladungen immer gern. Auch die Londoner Cellistin mit den langen blonden Haaren, Jacqueline du Pré, hat er schon kennengelernt. Es war nach einem Konzert, sie haben sich flüchtig gegrüßt. Sehr schüchtern kam sie ihm vor. Im Frühjahr sollen sie gemeinsam ein Konzert geben, ihre Agenten sind dabei, die Verträge auszuhandeln. Telefoniert haben sie auch schon miteinander. Daniel hat ein paar langweilige Wochen mit Drüsenfieber im Bett verbracht, und als er sich bei Freunden beschwert, wie schlecht es ihm gehe, hatten die nur gesagt, wenn du dich für krank hältst, solltest du Jacqueline erleben – die hat's übel erwischt! Unter dem Vorwand, das Konzert mit ihr besprechen zu wollen, hatte er sie angerufen. Ein Gespräch von Krankenbett zu Krankenbett. Ein Gespräch über Drüsenfieber.

Am Weihnachtsabend sind alle Symptome längst vergessen. Jacqueline schildert die erste richtige Begegnung mit ihrem künftigen Mann später einer Reporterin des *Sunday Telegraph*. Jackie, schreibt sie, habe noch immer ein Glitzern von Verwunderung und Dankbarkeit in den Augen gehabt, dafür, dass Danny sie überhaupt bemerkt habe.

Ich war riesig, erzählt Jackie, ich wog über 80 Kilo, ich hatte fünf Monate in Russland gelebt und nichts als Brot und Kartoffeln gegessen. Ich fühlte mich wie ein Kloß. Ich war mir meiner Körperfülle schrecklich bewusst. Und dieser kleine, dunkle, gelenkige Typ schoss ins Zimmer, starrte mich an und sagte einen furchtbaren Satz: Du siehst nicht aus wie eine Musikerin. Ich war ziemlich schüchtern und unsicher und dachte, oh Gott, dann kann ich nur eins tun. Glücklicherweise hatte ich mein Cello dabei. Ich packte es aus und fing an zu spielen. Er setzte sich ans Klavier und begleitete mich. Und kein Zweifel – das war es. Es war, als hätten wir unser Leben lang zusammen musiziert. Und für mich war es ein Riesenschock, dass ich mich mit einem anderen Menschen so gut verständigen konnte.

Ein Riesenschock: Jacqueline du Pré hat mit diesem Mann zum ersten Mal im Leben das Gefühl, dass Erwartung und Erfahrung herrlich übereinstimmen. Junge Mädchen machen sich viele Gedanken über die Liebe, und für Jackie ist es immer ihre wenig ältere Schwester Hilary gewesen, mit der sie über ganz wichtige Dinge gesprochen hat. Beide sind sich vollkommen darüber im Klaren, dass die Sache mit den Männern zu den schönsten Hoffnungen berechtigt, und dass man in der Liebe erst richtig zu sich selber findet. Halbe Nächte hat sie das unerschöpflichste aller Themen beschäftigt, jede Einzelheit hat einen prickelnden, faszinierenden Reiz und unendliche Facetten. Es gibt viel zu kichern dabei, aber auch eine todernste, tiefe Dimension, die ihnen beiden schier den Atem verschlägt und sie glühen lässt vor lauter Vorfreude.

In dieser Hinsicht sind die beiden Mädchen ihren Schulfreundinnen sehr ähnlich. Was die Familie du Pré von anderen unterscheidet, ist eine ganz spezielle Herausforderung: Jacqueline, die Zweitgeborene, entwickelt schon als Kind ein überragendes musikalisches Talent. Die Mutter, ebenfalls Musikerin, fördert mit freudigem Eifer ihre begabte Tochter, setzt ihren Ehrgeiz in eine optimale Ausbildung, und es wird vorgekommen sein, dass Jacquelines Geschwister, Hilary und Piers, der jüngere Bruder, das Gefühl haben mussten, die Aufmerksamkeit der Eltern gelte vor allem ihr, sie allein bringe zustande, was ein Kind liebenswert macht und wertvoll. Und während Piers erst gar nicht versucht, sich auf die Musik einzulassen, wetteifert Hilary mit der jüngeren Schwester, musiziert als Kind mit ihr zusammen und setzt sich damit einem Vergleich aus, der immer wieder zu ihren Ungunsten ausgehen muss.

Für Jacqueline öffnet sich durch die Musik das Tor zur Seligkeit: Wenn sie spielt, erfährt sie sich selbst als Teil einer gewaltigen Kraft. Wie eine Welle im Meer. Ein friedvolles Sich-Versenken ist ihre Sache nicht. Jacqueline legt alle Leidenschaft, deren sie fähig ist, in ihr Spiel und erlebt dabei die Konsequenz aller Leidenschaft: Ekstase und Qual. Konzertbesucher, die sie gehört und gesehen haben, sprechen von ihrer enormen Expressivität, ihrer Heftigkeit, ihrer Hingabe, ihrer Wildheit. Mehr Liebesakt als Spiel sei es gewesen und von ergreifender, hinreißender Intensität, ob sie Edward Elgar spielte oder Schumann, Brahms, Beethoven, Bach. Sie könne von einem Moment zum anderen vom verschmitzten Landmädchen zur wahnsinnigen Ophelia werden, schreibt das »Time

Magazine«, sie könne »keinen Augenblick stillsitzen. Die roten Chiffonwolken ihres bodenlangen Kleides umwehten ihre wilden Cello-Attacken. Sie beugte sich vor und ließ den Bogen über die Saiten donnern. Vor Anspannung warf sie den Kopf zurück, und wieder und wieder brach der Klang ihres Cellos mit Urgewalt hervor ...«

Der Preis dafür, ein Genie zu sein, ist hoch. Jackie fühlt sich schon als Kind oft ausgeschlossen und isoliert, und später steigen drohende Fragen in ihr auf, die sie immer mehr bedrängen. Wer bin ich eigentlich ohne mein Instrument, wer liebt mich, wenn ich nicht spiele?

Daniel Barenboim ist als Sohn russischer Juden in Argentinien geboren und zwei Jahre älter als Jacqueline. Auch er gilt von frühester Jugend an als Wunderkind, und weil Vater und Mutter Pianisten sind, ist er in dem festen Glauben aufgewachsen, alle Menschen spielten Klavier. 1948 emigriert die Familie in den gerade gegründeten Staat Israel. 1954, mit elf Jahren, wird Daniel nach Salzburg geschickt, um Dirigent zu werden.

Sie kommen also aus sehr verschiedenen Richtungen aufeinander zu, die große, blonde Frau, die schüchtern ist wie ein Schulmädchen, wenn sie irgendwo fremd ist, und der weltgewandte, lebhafte junge Mann. Er ist klein, agil, schwarzgelockt, schmal und schnell. Seine Energie reicht für drei, er redet intensiv und heftig, kommt mit wenigen Stunden Schlaf aus und liebt es, im Clan seiner Freunde umherzuziehen und die angenehmen Seiten des Lebens zu genießen. Wenn er auf Widerstand stößt, wird er leicht ungeduldig und erwartet ganz selbstverständlich Respekt und Bewunderung.

Anfangs findet Jackie sein Selbstbewusstsein, auch seine

Lebensfreude und seinen Elan phantastisch. Was ihr schwerfällt, ist ihm selbstverständlich. »Ich bin verliebt Hil, ich bin verliebt ...!«, flüstert sie, als sie nach der schicksalhaften Weihnachtsparty mit ihrer Schwester telefoniert.

Hil ist längst verheiratet um diese Zeit. Mit siebzehn lernt sie den Mann ihres Lebens kennen: Christopher Finzi, Cellist, Sohn eines Komponisten. Kiffer nennt sie ihn. Er kommt dem Ideal, von dem die beiden Mädchen schwärmten, wenn sie sich abends unter der Decke aneinander kuschelten, ziemlich nah. Er macht kein großes Aufheben von seinem Künstlertum. Er ist Musiker, wie andere Holzfäller sind oder Buchbinder. Er ist auf dem Land aufgewachsen und liebt die Natur. Er hat sich dem Militär verweigert und dafür eine Haftstrafe von mehreren Monaten in Kauf genommen. Er weiß immer sehr genau, was er will, er ist hilfsbereit, er versteht es, andere zu ermutigen, gern vertraut man sich ihm an, weil er zuverlässig ist und stark, besonnen und fröhlich. Hilary hat das Gefühl, dass sie sich im Leben um nichts mehr Sorgen machen muss an seiner Seite. Sie verlieben sich ineinander, sie sind sich einig, dass sie zusammengehören, dass sie eine Familie gründen wollen.

Hilarys Eltern und Geschwister sind begeistert von Kiffer. Oft und gern bringt sie ihn mit nach Hause. Wenn er da ist, kehrt gute Laune ein. Bei einem seiner ersten Besuche kommt ihm zu Ohren, dass Jacqueline am hellen Vormittag noch im Bett liegt. Alle gehen auf Zehenspitzen und versuchen, möglichst leise zu sein. Mutter du Pré ist der Meinung, ihre hochbegabte Tochter brauche die Ruhe.

Kiffer kennt die Schwester seiner Freundin noch gar nicht, aber dass hier übertriebene Sorgfalt waltet, ist ihm sofort klar. Er stürmt die Treppe hinauf, er reißt die Tür zu ihrem Zimmer auf, zieht ihr die Decke weg, greift sich die kreischende Jackie, legt sie sich über die Schulter und trägt sie hinunter in die Küche. Alle rechnen mit einem Tränenausbruch, sie aber, als sie wieder auf den eigenen nackten Füßen steht, muss ganz im Gegenteil furchtbar lachen. Sie sieht ihm in die Augen: dem Mann, der nach seinem Willen mit ihr verfährt und dem sie darin freudig folgen kann. Sie hat großes Verständnis dafür, dass die ältere Schwester sich ihn für die entscheidenden Dinge im Leben ausgesucht hat, dass sie es eilig hat mit der Hochzeit, auch, dass es diese Hände sind, von denen sie berührt werden möchte. Dass alle anderen darauf Rücksicht nehmen müssen, ist selbstverständlich.

So sehr sie einander verbunden bleiben – Hilary und Jackie gehen völlig verschiedene Wege, sobald sie erwachsen sind. Jacqueline du Pré, gefeiert und berühmt, überlässt sich dem Management des internationalen Musikbetriebs und wird zum Weltstar. Nur ganz am Anfang begeistert, dann widerstrebend, folgt sie den Gesetzen der Vermarktung: Sie spielt Schallplatten ein, macht Tourneen, besucht die einschlägigen Festivals rund um den Erdball. Ein Leben in Hotels, im Konzertsaal, im Flugzeug. Zusammen mit ihrem Mann gehört sie zum Jetset, zu denen, deren Tun und Lassen für die Klatschspalten der Zeitschriften so sehr von Interesse ist wie ihre Auftritte in den Konzertsälen für die Feuilletons.

Hilary zieht unterdessen mit Kiffer in sein Haus aufs Land. Ein bäuerliches Leben in der Natur. Viele Kinder. Jackie kommt manchmal zu Besuch und spielt mit ihren Nichten und Neffen. Ihre Zweifel an ihrem eigenen Leben, vor allem auch an ihrer Ehe, werden darüber jedes Mal größer. Sie beobachtet ihren Schwager, wenn er die Kinder ins Bett bringt, wenn er den Wagen parkt oder ihr beim Essen Wein nachschenkt. Sie mag sein Lachen, seine freundliche Direktheit, und wenn sich seine Gestalt aus einer Menschenmenge herausschält, am Bahnhof, am Flughafen, dann weiß sie, sie ist angekommen, aufgenommen, gerettet.

Im Frühjahr 1971, erinnert sich Hilary, ein alarmierender Anruf aus Amerika: Jackie ist vollkommen aufgelöst. Daniel wolle sie ins Krankenhaus abschieben, sie sei verzweifelt, verwirrt, kenne sich selbst nicht mehr. Sie unterbricht die Tournee, sie fliegt nach London. Kiffer holt sie in Heathrow ab. Hilary erschrickt, als sie ihre Schwester sieht: Das ist nicht einmal mehr der Schatten der strahlenden jungen Frau, die sie vor einem halben Jahr verabschiedet hat. Sie ist außer sich, sie ist völlig verstört. Sie zittert, bekommt kein Wort heraus, bricht immer wieder in Tränen aus. Kiffer und Hil sehen sich an. »Da war es wieder, das lebenslange Muster«, schreibt Hilary, »wonach ich mich um Jackie zu kümmern hatte, und ich funktionierte ...«

Auf langen Spaziergängen vertraut sich Jackie ihrem Schwager an. Er hat eine so beruhigende, geradezu heilende Wirkung auf sie: Sie verabscheue Daniel, erzählt sie, sie wolle ihn nie wiedersehen, ihre Ehe, ihre Karriere, alles sei am Ende. Phasenweise beruhigt sie sich wieder, versenkt sich geradezu in die Spiele mit den Kindern, dann wieder kommt sie morgens nicht aus ihrem Zimmer, schluchzt, dass es sie schüttelt, oder weint leise vor sich hin.

Wie in jedem Sommer plant die Familie einen Urlaub in den Cevennen. Selbstverständlich kommt Jackie mit. Kiffer hat ein Haus in einem winzigen Bergdorf gemietet. Das Wasser holt man vom Brunnen, elektrisches Licht gibt es nicht. Dafür ist die Natur berauschend schön: ein Fluss in nächster Nähe, Sterne wie zum Greifen nah in der Nacht, Ruhe. Jackie hat Angst, alleine zu schlafen. Kein Problem für Kiffer. Er ist stark, er schleppt ihr Bett ins eheliche Schlafzimmer herunter. Hilary wird diese Sommernacht nie vergessen. Die Fahrt war anstrengend, die Hitze groß. Als sie im Bett liegt, schläft sie sofort ein. Kiffer liegt neben ihr. Der Duft, der Geruch nach Heu und Lavendel, der durch die weit geöffneten Fenster hereinströmt, begleitet sie bis in die Träume. Dann plötzlich eine Berührung am Arm. Sie erschrickt und ist sofort hellwach. Jackie hat sie berührt, aber nur aus Versehen. Die Berührung gilt ihrem Mann. Ihre Schwester liegt an der anderen Seite neben Kiffer im Bett und streichelt gerade sein Haar, seinen Hals, seinen Arm. Zwar ist das Licht nur spärlich, aber Hil ist sich ganz sicher: Die Hand verschwindet jetzt unter der Bettdecke. Zugleich spürt Hilary, dass Jackie vorsichtig ein Bein zwischen Kiffers Beine schiebt. Sie versucht, ihn zu küssen. Sie atmet heftig. Die beiden Körper wenden sich einander zu.

Kein Wort am nächsten Morgen über die nächtlichen Verirrungen. Zwischen Hil und ihrem Mann schweigendes Einverständnis: Es besagt, dass sich Kiffer seiner Schwägerin annehmen wird, so oder so. Auch er passt in das Muster, wonach sie grundsätzlich bekommt, was sie verlangt. In das Muster, wonach alle dafür da sind, ihren Wünschen zu genügen. Wonach es für sie keine Grenzen gibt.

Während des Cevennen-Urlaubs geht es Jacqueline immer schlechter. Einmal verirrt sie sich, und Kiffer findet sie in einem Olivenholzgestrüpp: nackt, mit irrem Blick, als sei sie wahnsinnig geworden. Daniel reist an, um sich mit seiner Frau zu versöhnen, aber das treibt sie nur noch weiter in die Verweigerung. Der Einzige, dessen Stimme überhaupt zu ihr dringt, ist Kiffer. Beruhigend spricht er auf sie ein. In seinen Armen hat ihr Weinen etwas Erlösendes, und wenn er bei ihr liegt, dann kann sie einschlafen. Für Hilary die schwerste Zerreißprobe ihres Lebens. Ein Gemisch aus Wut und Verzweiflung, Minderwertigkeitsgefühl und Mitleid. Sie rettet sich in die Idealisierung der Selbstlosigkeit, in die Selbstüberwindung: Kein Mensch kann Jackie offenbar helfen, für deren Wohl sie sich als ihre Schwester so sehr verantwortlich fühlt. Da verbietet es sich, kleinlich über den eigenen Ehemann zu wachen, wenn er der Einzige ist, den sie an sich heranlassen kann, körperlich wie seelisch.

Eine Zeitlang leben sie zusammen – auch noch nach dem Urlaub. Nächte, die Kiffer mit Jackie verbringt, sind keine Ausnahme mehr. Immer macht er es so, dass er mit seiner Frau schlafen geht, um dann später aufzustehen und in Jackies Zimmer hinüberzugehen. Hilary schwankt zwischen der verzweifelten Wut, von den beiden Menschen verraten zu werden, die ihr am nächsten stehen, und dem innigen Wunsch, der Schwester zu helfen: »Jackie kämpfte ums Überleben, und sie wusste, dass Kiffer stark genug war, ihr etwas entgegenzusetzen ... Die einzige Möglichkeit, Jackie zu helfen, war, ihr zu geben, was sie wollte. Und sie wollte Kiffer.« Alle Konzerttermine werden abgesagt. Jacqueline du Pré leide an nervöser Erschöpfung, lautet die offizielle Erklärung. Tatsächlich ist sie so krank, dass sie das Interesse am Cellospielen völlig verliert.

Hil und Kiffer, wenn sie in ihrem großen Haus in Ashmansworth allein sein wollen, treffen sich im Bad. Sie hocken sich nebeneinander auf den Badewannenrand und beraten die Lage, selten zuversichtlich, meistens sorgenvoll, immer überfordert. Hilary analysiert ihre Situation sehr klar: Als Kind schon hat sie im Schatten der begabten Schwester gestanden. Dann ist ihr die Flucht gelungen, und sie hat sich mit ihrem Mann ein eigenes Zuhause aufgebaut. Jackie, verzweifelt an ihrem Leben, nistet sich nun in die Familie ihrer Schwester ein und nimmt ihr den Mann weg, wird immer abhängiger von seiner Hilfe. Dennoch sind sich Hil und Kiffer darüber einig, dass Jackie bei ihnen bleiben kann, so lange sie will.

Nicht mehr lange und Hilary ist zumindest vom schrecklichen Zwiespalt erlöst: Vorübergehend scheint sich die Schwester zu erholen. Sie nimmt jetzt die professionelle Hilfe eines Analytikers in Anspruch, sie zieht zurück nach London, es gibt sogar eine Versöhnung mit Daniel, sie machen eine gemeinsame Plattenaufnahme. Es scheint, als könnte sie ihr bisheriges Leben wieder aufnehmen: Reisen, Konzerte. Dann treten neue, schwer zu deutende Symptome auf, und schließlich ist die Diagnose klar: Jacqueline hat Multiple Sklerose. Sie ist 28 Jahre alt. Die Zeit bis zu ihrem Tod verbringt sie in zunehmender Hilflosigkeit. Daniel hat ihre Betreuung perfekt organisiert, kümmert sich auch selbst um sie, soweit es seine umfassenden Verpflichtungen zulassen. Allerdings werden seine Besuche seltener. Er habe sich, schreibt Jacquelines amerikanische Biographin Carol Easton, für seine größte Liebe entschieden, der zu sich selbst. Er geht nach Paris, er lernt eine andere Frau kennen. Hilary besucht ihre Schwester regelmäßig. Jackie und Kiffer sehen sich dagegen nicht mehr.

Jacqueline du Pré stirbt im Oktober 1987, 42 Jahre alt. Daniel ist rechtzeitig benachrichtigt worden und in ihrer Todesstunde am Bett seiner Frau.

»Du glaubst nicht, wie ich dieses Geschöpf liebe«

KATIA PRINGSHEIM UND THOMAS MANN

Wissen Sie, warum wir so gut zueinander passen? Weil Sie weder zum Bürger- noch zum Junkertum gehören; weil Sie, auf Ihre Art, etwas Außerordentliches, – weil Sie, wie ich das Wort verstehe, eine Prinzessin sind. Und ich, der ich immer – jetzt dürfen Sie lachen, aber Sie müssen mich verstehen! – der ich immer eine Art Prinz in mir gesehen habe, ich habe, ganz gewiss, in Ihnen meine vorbestimmte Braut und Gefährtin gefunden.

Die Prinzessin nimmt die Huldigung zur Kenntnis – aber sie reagiert nicht so, wie der Prinz es erwartet. Seit Monaten bestürmt er sie mit Briefen und findet die innigsten Worte für seine Liebe.

Zuweilen, es muss ganz still und ganz dunkel sein, sehe ich Sie in einer Klarheit und visionär-detaillierten Lebendigkeit vor mir, wie kein noch so vortreffliches Bild sie haben könnte: ganz erschrocken bin ich vor Freude.

Die Mathematikstudentin Katia Pringsheim, 20 Jahre alt, ist noch immer »nicht so sehr enthusiasmiert«, wie sie sich später erinnert, sie fühlt sich im Elternhaus »wohl und lustig« und sieht überhaupt keinen Grund für eine Heirat. Doch der Verehrer lässt nicht locker. Er hat gerade einen 1000-Seiten-Roman vollendet, er weiß, was es heißt, durchzuhalten, er hat Disziplin und Selbstbewusstsein.

»Es ist eine neue und erregende Zeit für mich«, schreibt Thomas Mann seinem Bruder Heinrich im Februar 1904 aus München, und es macht ihm Spaß, ein bisschen anzugeben, »›Buddenbrooks‹ haben das 18te Tausend. Ich muss mich erst in die Rolle als berühmter Mann einleben; es erhitzt doch sehr«. Er sei jetzt »gesellschaftlich eingeführt«, fährt er fort, und kommt dann ganz schnell auf den Kern: die Familie Pringsheim, schreibt Thomas, sei ein Erlebnis, das ihn ausfülle: »Der Vater Universitätsprofessor mit goldener Cigarettendose, die Mutter eine Lenbach-Schönheit, der jüngste Sohn Musiker, seine Zwillingsschwester Katja ein Wunder, etwas unbeschreiblich Seltenes und Kostbares, ein Geschöpf, das durch sein bloßes Dasein die kulturelle Tätigkeit von 15 Schriftstellern und 30 Malern aufwiegt …«

Eine Verbindung mit dieser Frau und ihrer wohlhabenden Familie, das erscheint dem ehrgeizigen jungen Dichter aus Lübeck als Ziel allen Strebens. Er plant »die große Lebensangelegenheit«, wie er sein Werben um die Pringsheim-Prinzessin nennt, in wohlkalkulierten Schritten. »Einer brillanten Belagerung wurde schließlich der heiß ersehnte und exakt berechnete Erfolg zuteil«, schreibt der Thomas-Mann-Biograph Klaus Harpprecht. So zielstrebig und klar handelt nur, wer mit kühlem Kopf ans Werk geht, und so verliebt sich Thomas Mann in Katia, weil er es sich fest vornimmt. Der Autor der *Buddenbrooks* beendet in der Hinwendung zu einer schönen jungen Frau die amourösen Abenteuer seiner Jugend. Seine homoerotischen Leidenschaften – »die Hunde im Souterrain« –, wie er schreibt, hatten ihm genug Verwirrungen gebracht, und er war von Skrupeln geplagt. Als Held der Strenge und Askese verordnet er sich eine bürgerliche Ehe als angemessene »Verfassung«, wie er dem Bruder schreibt.

Was nicht bedeutet, dass ihn Katia nicht entzückt: ihre schlanke, fast kindliche Figur, die schwarzen Augen, die frische Wesensart, der flinke Strom ihrer Rede und als brillante Zugabe: ihre großbürgerliche Herkunft. Sie gehört zu den besten Partien Münchens. Thomas Mann ist Ende 20, da richtet er im Konzert sein Opernglas auf sie, und als er Zeuge einer temperamentvollen Auseinandersetzung wird, die Katia mit einem Trambahnschaffner hat, ist er endgültig überzeugt, dass diese Frau seine Frau werden muss.

Aber wie es anstellen? Wie sie näher kennenlernen und nur ja keinen Fehler machen? Sie ist so gut wie nie allein, auf dem Weg zur Universität sind die Brüder um sie herum, in der Oper sitzt sie zwischen Mama und Papa. Da kommt es dem jungen Literaten zugute, dass die Damen der Gesellschaft ihm wohlgesinnt sind. Elsa Bernstein zum Beispiel, Frau des Justizrats Bernstein, ein sehr bekannter Anwalt in München. Keine Gelegenheit lässt sie aus, mit dem Dichter über Literarisches zu debattieren, vorzugsweise natürlich unterhalten sie sich über seinen berühmten Roman, die *Buddenbrooks*, der in Lübeck, wie man hört – sagt sie und hebt die Augenbrauen –, für einige Unruhe sorge. Thomas antwortet ihr, wie es seiner

Gewohnheit entspricht, ausgesprochen höflich und weiß auch zu betonen, wie gern er mit ihr plaudert. Gerade mit ihr. Beiläufig kommt er dann darauf zu sprechen, dass sie und ihr Mann doch mit den Pringsheims wohlbekannt seien und ob es nicht möglich wäre, die Tochter des Hauses, Katia, einmal zu einer Gesellschaft einzuladen und ihn, den Dichter, dazu? Frau Bernstein ist entzückt, ihm ein solches Arrangement versprechen zu können, sie zwinkert ihm vertraulich zu und versichert ihm, dass sich ja schon längst Entsprechendes hätte einrichten lassen, aber sie hätte ja keine Ahnung gehabt ...

Während eines Abendessens sitzen sie dann nebeneinander, und weil es zu Elsa Bernsteins Leidenschaften gehört, Einsame zu Liebenden zu machen und Liebende einander zuzuführen, lädt sie Katia und den hanseatischen Literaten öfter gemeinsam ein. »Du glaubst nicht«, schreibt Thomas einem Freund in dieser Zeit, »wie ich dieses Geschöpf liebe. Ich träume jede Nacht von ihr und erwache mit einem völlig wunden Herzen.«

Jedenfalls ist das Eis gebrochen, der Dialog eröffnet, und Thomas stellt sich nun auch in der Villa Pringsheim in der Acisstraße vor. Katias Mutter, die ihn sehr schätzt, übernimmt die Rolle von Elsa Bernstein. Natürlich bemerkt sie sofort und noch ohne mit der Tochter gesprochen zu haben, was der junge Mann im Sinn hat.

Es ist Thomas Manns 29. Geburtstag, als Katia »ihr süßes, süßes Köpfchen« flüchtig an seine Wange lehnt. Damit ist er seinem Ziel ganz nah. Aber noch steht seinem Begehr außer dem Zögern der Begehrten die Skepsis ihres Vaters entgegen, der »den magenkranken Rittmeister«, wie der blasse, akkurat gescheitelte Dichter im Hause

Pringsheim genannt wird, nicht so recht ernst nehmen kann. Zweierlei verbindet sie immerhin: die Liebe zu Katia und die Liebe zu Richard Wagner.

Im Sommer dann eine Trennung für länger: Mit ihrem Zwillingsbruder ist Katia an die Ostsee gereist. »Für seine Verhältnisse«, steht in Katias Lebenserinnerungen, »waren die Briefe, die er mir schrieb, sehr leidenschaftlich.« Das macht ihr Eindruck: »Er konnte ja schreiben ...« Als sie im September nach München zurückkommt, mag sie sich seinem »dringenden Wunsch«, sie zu heiraten, nicht länger widersetzen. Auch der Vater zeigt sich jetzt milde. Am 3. Oktober 1904 wird Verlobung gefeiert, am 11. Februar 1905 die Hochzeit. Ein glanzvolles Fest im Hause Pringsheim. Ganz München gratuliert dem jungen Paar. Hedwig Pringsheim erstrahlt in majestätischer Schönheit, ihr Mann macht seine bissigen Bemerkungen nur leise und hält eine launige Rede, Thomas sitzt kerzengerade wie gewohnt und plaudert geschmeidig wie nie – nur Katia ist ungewöhnlich still. Ihre dunklen Augen sind weit geöffnet, der Myrtenkranz im Haar lässt sie mädchenhaft und blass erscheinen, die Hände verraten ihre innere Unruhe. Ist es die Melancholie darüber, dass sie das Elternhaus verlassen muss, ohne recht zu wissen, was sie an der Seite des Dichters erwartet?

Klaus Mann, der älteste Sohn, versetzt sich in seinen Erinnerungen in die Rolle seiner Mutter und denkt darüber nach, was sie gedacht haben mag an ihrem Hochzeitstag und worin die Verbindung seiner Eltern bestand: »Was war es, was sie mit diesem disziplinierten Träumer ... verband? Gehörten sie zueinander, weil sie beide ›anders‹ waren – beide distanziert vom Wirklichen, beide problematisch, verwundbar und zur Ironie geneigt? ... Ihre Ehe war nicht die Begegnung zweier polarer Elemente; eher handelte es sich wohl um die Vereinigung von zwei Wesen, die sich miteinander verwandt wussten – um ein Bündnis zwischen zwei Einsamen und Empfindlichen, die gemeinsam einen Kampf zu bestehen hofften, dem jeder für sich vielleicht nicht gewachsen wäre ...«

Der Frischverheiratete schreibt seinem Bruder: »... oft läuft das ganze ›Glück‹ auf ein Zähnezusammenbeißen hinaus ...« Der junge Ehemann äußert sich ganz so, als sei es ihm mehr um die Eroberung, als um die Eroberte selbst gegangen. Schon in der Verlobungszeit hat Thomas, wie er wiederum an Heinrich schreibt, »erotinfreie« Zeiten herbeigewünscht. Die Hochzeitsreise nach Zürich und Luzern dauert jedenfalls nicht länger als 14 Tage.

Einem Besucher gegenüber gesteht Katia später, dass sie nur geheiratet habe, weil sie Kinder wollte. Dieser Wunsch erfüllt sich: Pünktlich neun Monate nach der Hochzeit kommt Erika auf die Welt. Fünf Geschwister werden folgen.

Respekt füreinander bringen Thomas und Katia lebenslang auf, und dass es an Leidenschaft fehlt, steht der Stabilität der Ehe nicht im Weg. Thomas Mann, der noch die intimsten Regungen seinem Tagebuch anvertraut, schreibt über das Verhältnis zu seiner Frau:

»Dankbar gegen K., weil es sie in ihrer Liebe nicht im Geringsten beirrt, wenn sie mir schließlich keine Lust einflößt und wenn das Liegen bei ihr mich nicht in den Stand setzt, ihr die letzte Geschlechtslust zu bereiten. Die Ruhe, Liebe und Gleichgültigkeit, mit der sie das aufnimmt, ist bewundernswürdig.«

Als die Kinder sie nicht mehr so stark in Anspruch nehmen, kümmert sich Katia mit der ihr eigenen Verve um die geschäftliche Korrespondenz ihres Mannes, selbstverständlich organisiert sie den Alltag und später die Emigration nach Amerika. »Ich habe in meinem Leben nie tun können, was ich hätte tun wollen«, sagt sie in ihren *Ungeschriebenen Memoiren*, und eigentlich findet sie das nicht weiter bemerkenswert.

In ein Exemplar der *Betrachtungen eines Unpolitischen*, das er seiner Frau schenkt, schreibt Thomas Mann 1918:

Wir haben es zusammen getragen, liebes Herz, und wer weiß, wer schwerer daran zu tragen hatte, denn zuletzt hat der immer Tätige es leichter als der nur Duldende

Und in einer Rede zu ihrem 70. Geburtstag formuliert er seinen Dank, wie nur er zu formulieren versteht:

»Wenn irgendein Nachleben mir, der Essenz meines Seins, meinem Werk beschieden ist, so wird sie mit mir leben, mir zur Seite. Solange Menschen meiner gedenken, wird ihrer gedacht sein. Die Nachwelt, hat sie ein gutes

Wort für mich, ihr zugleich wird es gelten, zum Lohn ihrer Lebendigkeit, ihrer aktiven Treue, unendlichen Geduld und Tapferkeit.«

»Ich bin nichts ohne dich«

MARLENE DIETRICH UND JOSEF VON STERNBERG

Der blonden Frau im Nerzmantel folgen die Blicke. Man tuschelt sich ihren Namen zu, ohne sie dabei aus den Augen zu verlieren. Niemand spricht sie an, das verbietet sich: Sie hat eine kühle, selbstbewusste, abweisende Zurückhaltung. Aus Berlin soll sie nach Bremerhaven gereist sein. Die beiden Herren, die wenige Minuten vor ihr an Bord gegangen sind, sind sich einig: Sie haben sie schon im Zug gesehen, sie ist es ganz bestimmt! Die beiden waren auch in der Kino-Premiere – *Der blaue Engel* –, die eben dieser Frau vor wenigen Stunden einen unbeschreiblichen Triumph beschert hat. Ganz Berlin, so wird es in den Zeitungen stehen, liegt ihr zu Füßen.

Die Nachricht verbreitet sich schnell unter den Passagieren der »Bremen«. Interesse hätte sie allerdings in jedem Fall geweckt: eine schöne Frau und so allein. Die ältere Dame, die sich ums Gespräch kümmert, ist wohl eher eine Garderobiere als eine Freundin.

Marlene Dietrich sucht während der ganzen Überfahrt keine Gesellschaft. Oft sieht man sie stundenlang in ihren

Mantel gehüllt an Deck stehen, auch bei Dunkelheit, auch bei stürmischer See. In Gedanken ist sie weit fort. Aus jüngster Vergangenheit, aus Berlin, hat sie die Eindrücke mitgenommen, die sie jetzt bewegen, Erinnerungen an konkrete Situationen. Die Zukunft dagegen erscheint ihr als eine helle, diffuse, wirbelnde Scheibe. Ein Licht in großer Entfernung. Es ist mehr zu spüren als zu sehen. Sobald der Ozean überquert ist, wird sie damit verschmelzen. Das gibt ihr ein Gefühl von Stärke, manchmal bekommt sie aber auch Angst, Panik geradezu.

Innerhalb von wenigen Monaten hat sich ihr Leben atemberaubend und schwindelerregend verändert, verwandelt. Dabei stellt sie fest, dass sie durchaus erwartet hat, was jetzt passiert, dass sie es seit langem erwartet hat. Im Verlauf von zehn Jahren allerdings ist der Hoffnung ein bisschen die Puste ausgegangen. Aber sie ist darüber nicht gestorben und hat sich schnell wieder erholt. Die Flügel waren immer da, aber es bedurfte der Kraft eines Mannes aus Hollywood, um die Luft zu erzeugen, die zum Fliegen taugt.

So tief war die Hoffnung gesunken, dass Marlene Dietrich geradezu zu ihrem Glück gezwungen werden musste. Der österreichische Regisseur Josef von Sternberg ist ihr Bezwinger. Hollywood hat es ihm nicht leicht gemacht, aber sobald seine Chance kam, hat er sie ergriffen. Gleich sein erster Film überzeugte, und als die UFA 1929 ihren ersten Tonfilm drehen will, holte sie auf Vorschlag von Emil Jannings, einem der großen Berliner Bühnen- und Leinwandstars mit internationalem Erfolg, den Wiener Hollywood-Regisseur an die Spree. Vorlage für den Film ist ein Roman von Heinrich Mann, »Professor Unrat«. Sternberg verlagert schon im Titel die Gewichte zugunsten weiblicher Werte. Aus *Professor Unrat* ist *Der blaue Engel* geworden.

Was ihn in der Vorbereitungsphase am intensivsten beschäftigte, war die Suche nach einer Hauptdarstellerin, nach der süßen Schlampe, die dem Professor so sehr den Hals verdreht, dass er den Kopf darüber verliert. Jo wusste genau, was er wollte. Er hatte die Zeichnungen des belgischen Künstlers Felicien Rops vor Augen, er wollte, dass Lolalola, die Sängerin aus der Hafenkneipe, so aussah wie die Frauen bei Rops: verführerisch-verkommen und unschuldig-naiv zugleich. Sternberg suchte nach der Frau seiner Träume in Theatern und Spelunken, Varietés und Kabaretts. Er suchte auf der Straße, bei Tag und bei Nacht, er suchte unter Halbweltdamen und Kokotten. Berlin gefiel ihm noch besser als bei seinem ersten Besuch vor vier Jahren. Es gab eine Unzahl von Orten, wo Schauspielerinnen jeder couleur auftraten. Und es gab das Reich der fließenden Grenzen, wie er das so im prüden Amerika nicht kennengelernt hatte: Jo sah die farbenprächtigsten Tunten und Transvestiten, er hörte die Chansons kesser Diseusen und beobachtete dabei die besseren Herrschaften, die am Nebentisch Champagner tranken, und gegenüber zwei eng umschlungene Frauen mit Pagenschnitt, von denen die eine über die Schulter ihrer Freundin hinweg mit ihm flirtete. Auf Anraten seines Assistenten blätterte er auch in Schauspielerkatalogen, schließlich sollte nichts unversucht bleiben. Sein Blick fiel auf die Fotos eines Fräulein Dietrich. Obwohl sie ihm wenig ausdrucksvoll vorkamen, hielt er das Buch stumm seinem Assistenten hin. Der überlegte. Der Popo sei ganz in Ordnung, sagte er dann – aber brauchen wir nicht auch ein Gesicht?

Zufall oder Fügung: An einem der nächsten Abende – seine Frau war wie immer im Hotel geblieben – ging Sternberg ins Theater. *Zwei Krawatten* hieß das Stück. Die Schauspieler waren noch aufgeregter als sonst, denn natürlich hatte sich herumgesprochen, wer da die Vorstellung besuchte. Nur eine schien völlig unbeeindruckt. Sie lehnte in den Kulissen, als sei sie draußen in der Natur allein mit sich und den Bäumen. Provozierend teilnahmslos geradezu, ruhig, ruhend in sich selbst. Ihre Haut allerdings, so schien es ihm, bot dem Licht einen besonderen Widerstand. So als erführe sie eine Liebkosung. In Josef von Sternberg keimte die Hoffnung, dass er seine Lola gefunden hatte.

Als sie ihm wenige Tage später gegenübersaß, war er sich sicher, noch bevor er Probeaufnahmen gemacht hatte: Sie war es. Marlene hatte ihre Gleichgültigkeit gegenüber allem, was um sie herum passierte, beibehalten. Keine Schauspielerin in Berlin, die nicht glühend gerne an ihrer Stelle gewesen wäre. Aber sie tat so, als hätte sie von vornherein keine Chance. Und sie glaubte wohl auch tatsächlich, dass es so war. Dabei gefiel ihr der Mann mit den traurigen Augen. So sehr sogar, dass sie die Frage, ob er seinerseits Sympathien für sie hegte, lieber nicht stellte: Es hätte ja sein können, dass sie mit einem Nein beantwortet worden wäre.

Sie ließ die Torturen in Garderobe und Maske über sich ergehen, zwängte sich in ein enges Paillettenkleid, sah missgelaunt zu, wie ihre Haare mit der Brennschere bearbeitet wurden, und wusste nicht, was er eigentlich von ihr wollte. Im Studio stellte er sie neben das Klavier. Er setzte das Licht. Er hastete zwischen der Kamera und den Lampen, die er um sie herum aufgebaut hatte, hin und her. Von niemandem ließ er sich helfen. Immer wieder veränderte er etwas, Winzigkeiten meistens. Er sprach kein Wort dabei, aber es fiel ihr auf, wie sehr er sich engagierte. Er schwitzte noch mehr als sie. Wenn er wollte, dass sie die Position veränderte, ging er auf sie zu, fasste sie am Arm, am Kinn, an den Schultern. Dann wieder ein Blick durchs Objektiv. Als sie die Hoffnung aufgegeben hatte, dass es heute noch zum Drehen kommen würde, endlich das erste Wort.

»Gut ...«, sagte Josef von Sternberg.

In der Erinnerung an Jo, den Besessenen, den Geliebten, lächelt Marlene. Mit einer Hand hält sie sich den Mantel am Hals zu, mit der anderen hält sie sich fest. Lange wird sie nicht an Deck bleiben können, dazu windet es zu sehr. Aber sie liebt den Blick aufs Meer. Jo liebt ihn auch. In einem ersten persönlichen Gespräch haben sie über Wasser gesprochen. Über Flüsse, die Adern der Erde. Über Tränen und Regen, über den Tropfen, der das Maß zum Überlaufen bringt. Es war die direkte Überleitung zu Jos Bericht darüber, wie er Marlene, seine Wunschkandidatin, gegen alle Widerstände durchgesetzt hatte. Denn außer ihm, dem Regisseur, habe sie keiner gewollt. Emil Jannings, der für die Rolle des Professors von Anfang an vorgesehen war, schrie am lautesten. Diese Blonde, wetterte er, als die Probeaufnahmen im überfüllten Vorführraum gezeigt worden waren, könne sich nicht bewegen, ihre Stimme sei rau und zu tief, ihr Gesicht nur oberflächlich schön, bei längerem Hinsehen aber vulgär und uninteressant.

Die Chefs der UFA hatten sich ihm angeschlossen und die Besetzung der Hauptrolle mit Marlene Dietrich abgelehnt. Eine Frage der Macht: Josef von Sternberg musste mit seiner Abreise drohen. Erich Pommer, der Produzent, fand schließlich einen Weg, um zwischen den zerstrittenen Parteien zu vermitteln. Marlene, als Jo sie anrief, gab das Gespräch gleich an ihren Mann weiter: Rudi Sieber war Regieassistent und kümmerte sich um die Verträge und Engagements seiner Frau.

Bald schon ein erstes privates Treffen: Jo besuchte Marlene und ihren Mann in deren Wohnung. Die kleine Tochter Maria beobachtete den fremden Mann, von dem die Eltern schon so viel erzählt hatten, ganz genau. Auf den ersten Blick enttäuschte er sie. Er war klein und untersetzt, er lächelte nicht, und sein hängender Schnurrbart ließ ihn noch trauriger aussehen. Aber dann fasste sie Vertrauen: Er hatte ihr nach anfänglichem Zögern die Hand gegeben, er, der die deutsche Sitte des Händeschüttelns verabscheute, war peinlich berührt davon, dass ein Kind diese Geste von ihm erwartete und er sie verweigert hatte. Maria war tief beeindruckt davon, dass ein Erwachsener, noch dazu ein so berühmter Mann, vor einem kleinen Mädchen eine Schwäche zugeben konnte, dass er verlegen war und ehrlich bemüht, ihre Zuneigung durch ein Lächeln und ein paar freundliche Worte zurückzugewinnen. Seine tiefe, warme Stimme, sein österreichischer Akzent gefielen ihr, und an ihrer Mutter bemerkte sie ein verwirrtes Schweigen, eine Befangenheit, die sie sonst nicht an ihr kannte.

Marlene, als sie Jos eleganten Kamelhaarmantel an der Garderobe aufgehängt hatte, strich mit einem Ausdruck höchster Konzentration und mit allen zehn Fingerspitzen zugleich über den Stoff – wie ein Pilger nach gefahrvoller Wanderschaft den heiligen Schrein berührt.

In den folgenden Wochen entdeckten beide, dass die Lust an der Arbeit, die sie auch unabhängig voneinander stimulierte, zu übertreffen war: Die gemeinsame Arbeit mit idealer Rollenverteilung – Schöpfer und Geschöpf in ihrem Fall – steigerte sich zur Leidenschaft, zu einem rauschhaften Zustand. Jo war begeistert von seinen Visionen: Marlene Dietrich, die in ihrem Eifer, ihrer Experimentier- und Spielfreude nicht zu erschöpfen war, bot ihm ein Material, wie er es sich nicht besser hätte wünschen können. Weit über den Film hinaus, den sie gerade drehten, sah er ihre Zusammenarbeit als eine geniale Verknüpfung, als Basis für sensationelle Ergebnisse.

Nächtelang erläuterte er ihr seine Vorstellung vom Geschichtenerzählen mit den magischen Filmbildern, erklärte ihr, wie man die neuen Möglichkeiten des Tons nutzen müsse, was er mit seiner überaus raffinierten und ausgeklügelt komplizierten Lichtregie bewirken wollte. Marlene hörte ihm zu, wie noch kein Mensch ihm zugehört hatte: atemlos, begierig, bewundernd bis zur Anbetung. Dabei war sie von Natur aus alles andere als unterwürfig. Ihm wurde die Bewunderung und sehr bald die leidenschaftliche Hingabe einer Selbstbewussten zuteil, ein Geschenk, das den melancholischen Jo, außer wenn er mit ihr zusammen war, schweigsam machte vor Glück. Dass sie außerdem auch noch gut kochen konnte und

Zeit dafür fand, dass sie Gulasch und Kohlrouladen für ihn zubereitete und ihn damit an die Mahlzeiten seiner Kindheit erinnerte, gehörte, so greifbar es war, zu den wahrhaft phantastischen Eigenschaften seiner Lola.

Rudolf Sieber, als er bemerkte, in welcher Weise die Beziehung seiner Frau zu ihrem Regisseur gedieh, wunderte sich nicht. Er hatte es kaum anders erwartet. Rudi und Marlene nannten sich gegenseitig »Papi« und »Mutti« seit Marias Geburt. Die Liebe zwischen ihnen hatte einen stillen, kameradschaftlichen Charakter angenommen. Mit ihnen im gleichen Haus wohnte Rudis Geliebte Tami, die sich in Marlenes Abwesenheit auch um das Kind kümmerte. Marlene, ohne jeden Groll gegen ihren Ehemann, genoss das freizügige Leben in der Reichshauptstadt und das Vergnügen, von Männern wie Frauen begehrt zu werden. Ihre Freunde und Freundinnen sagten über sie, sie habe Sex-Appeal gehabt, aber kein Geschlecht.

Das erste Telegramm, das Marlene Dietrich von der »Bremen« aus verschickt, geht an Mann und Kind nach Berlin: »1. April 1930, Vermisse dich sehr Papilein – Bedaure Reise schon – Stop – Sag meinem Engel dass ich den Film sah und nur an sie dachte – Stop – Gutenachtkuesse – Mutti.« Aus Hollywood schickt ihr Jo mitten in die Verzagtheit ihrer Ozeaneinsamkeit hinein die verheißungsvolle Ankündigung einer neuen gemeinsamen Aufgabe: »Ich beglückwünsche uns beide – Stop – Neuer Film heißt ›Marokko‹ nach der Geschichte Amy Jolly aus dem Buch, das du in mein Gepäck getan hast – Stop – Du wirst wieder fabelhaft sein – Jo.« Sie, erstaunlich nüchtern, obwohl begeistert von der Neuigkeit, gönnt ihm nur einen Satz als Antwort:

»Wer wird mein Gegenspieler? Marlene«

Das verdrießt ihn als Künstler und Liebhaber doch gewaltig, und seine Antwort lässt zum ersten Mal erahnen, wie sehr ihre offensichtliche Unabhängigkeit und Kühle ihn kränkt. Zwar lässt Marlene keine Gelegenheit aus, sich als sein Geschöpf zu bezeichnen. Aber das berührt nur einen Teil ihrer Persönlichkeit. Ihr Selbstbewusstsein speist sich auch noch aus anderen Quellen als seiner Anerkennung, ihr eigentliches Wesen ist, was es ist, ohne auf die Zustimmung eines Mannes angewiesen zu sein, ohne die Sucht nach der Zuwendung des einen und einzigen, das Gefühl von Abhängigkeit eben, das vor allem Frauen davon abhält, selbstbestimmt zu leben, und das gemeinhin für Liebe gehalten wird. Marlene ist auch mit knapp dreißig Jahren schon frei von sentimentalen Glücksvorstellungen. Jo also antwortet unüberhörbar beleidigt:

»Dein Gegenspieler wird Gary Cooper – Stop – Vielen Dank für dein überschwengliches Telegramm, in dem du eine tiefe Dankbarkeit ausdrückst, weil ich dich gegen deinen zähen Widerstand in die Stratosphäre katapultiert habe – Stop – Küssen Sie nicht meine Hand Madame – Stop – Du hast meiner Kamera erlaubt, dir zu huldigen, und du wiederum hast dir selbst gehuldigt – Jo.«

»Ich bewegte einen Ozean«, schreibt Josef von Sternberg hoch theatralisch in seiner Autobiographie, »und ihm entstieg eine Frau, die die Welt bezaubern sollte.«

Alle sieben Filme, die Marlene und Jo zusammen machen, sind ein immer neu formulierter Anspruch darauf, dass die Faszination des Lebens da beginnt, wo es erzählt, erlesen, inszeniert, ins rechte Licht gerückt wird, wo aus dem zähen Stoff der Wirklichkeit Kunst entsteht.

Bei ihrer Ankunft in der Neuen Welt wird Marlene – Jo hat die entsprechenden Vorkehrungen getroffen – enthusiastisch gefeiert. Damit ihr Name noch vor dem ersten Film im ganzen großen Land zum Begriff wird, inszeniert er auch noch einen Skandal: Er dreht einen Trailer, einen kleinen Werbefilm mit seinem Star und steckt die blonde Frau aus Deutschland dafür in einen Frack. Noch niemals hatte es in Amerika eine Frau gewagt, öffentlich in Hosen aufzutreten. Marlene, wenn sie Hosen trägt, tut es mit betörender Lässigkeit, was ihre erotische Ausstrahlung noch verstärkt. Die Wirkung ist überwältigend und bahnt den Weg für den Erfolg von *Marokko*, dem ersten Film, den Schöpfer und Geschöpf in Hollywood zusammen machen. Die leidenschaftliche Glut, die sie in Berlin füreinander und für die Arbeit entdeckt haben, hat neue Nahrung, führt aber diesmal in andere, gefährliche Bereiche. Im Studio entfaltet Jo seinen gefürchteten Perfektionismus: Sogar sie, die preußische Offizierstochter mit der legendären Disziplin, treibt er gerne und mit durchaus quälerischer Absicht an den Rand dessen, was ein Mensch aushalten kann. Er genießt den Moment, wenn ihre makellosen Züge entgleisen und sie in aufgelöstem Zustand, zitternd, gefolgt von ihrer Maskenbildnerin, in die Garderobe flüchtet. Mit einem Lächeln wendet er sich dann an die Beleuchter: »Meine Herren, wir machen eine Zigarettenpause, Frau Dietrich hat ihren Weinkrampf ...«

Es mag wohl auch das süße Gefühl der Rache gewesen sein, das Jo erfüllt, wenn er sie vor den Augen aller demütigt. Rache für alles das, was in den Liebesnächten im luxuriösen Haus in Beverley Hills geschieht. Mit der Liebe nämlich ist es so eine Sache. Marlene klagt ihrem Ehemann gegenüber, Jo könne »davon« nie genug bekommen. Sie lässt ihn »drüber«, wie sie das nennt. Männer spüren es, wenn die eigene Erregung größer ist als die, die sie zu erzeugen vermögen. Es entzückt sie nicht. Das Verhütungsmittel, das Marlene zur Anwendung bringt, eine spezielle Essigdusche – die sie benutzt, sobald das »Drüber« eben zu Ende ist –, tut ein Übriges. Jo fühlt sich ausgeliefert und abgewiesen, immer aufs Neue. Die Liebe mit ihm: ein Vorgang, von dem man sich reinigen muss.

Außerdem hat Marlene andere Liebhaber, auch Liebhaberinnen, wie damals in Berlin. Es gibt das vertraute Verhältnis zu ihrem Ehemann Rudi und das gemeinsame Kind – beide folgen der »Mutti« ins ferne Amerika –, es gibt keine Geständnisse, dass sie ihm, ihrem Schöpfer, angehöre, und sonst niemandem, es gibt Streit, hin und wieder, es gibt das Chanson von Friedrich Holländer, das sie hinreißend interpretiert: »Ich weiß nicht, zu wem ich gehöre, ich bin doch zu schade für einen allein …« Auch Jos Ehefrau, Riza Royce, beschwert sich. Jo will sich scheiden lassen, aber Marlene versucht ihn davon abzubringen. Soll er doch verheiratet bleiben, genau wie sie.

Je länger sie zusammen sind, desto mehr bekommt Jo ein Gefühl des Ausgelaugtseins. Sie untergräbt seine Souveränität, er will loskommen von Marlene, er will kein wachsendes Ungleichgewicht der Kräfte ertragen müssen. Viel zu eng, als dass ein schneller Abschied möglich wäre, sind sie verbunden, viel zu dicht ist die Verflechtung von Arbeit und Leben, von Liebe und Kampf.

Bei der ersten längeren Trennung, als Marlene zu Weihnachten 1930 nach Berlin fährt, liegt ihnen noch sehr daran, in Worte zu fassen, was sie aneinander haben. »Du –«, schreibt sie, »nur Du – der Meister – der Gebende – Grund meines Daseins – der Lehrer – der Geliebte, dem mein Herz und mein Verstand folgen müssen.« Und er: »Meine Geliebte, Geliebteste aller Geliebten. Ich danke Dir für Deine wunderbare Botschaft und für alles Gute und Böse – es war schön. Vergib mir, dass ich bin, wie ich bin, ich möchte, könnte nicht anders sein. Auf Wiedersehen, mein Liebling, mögest Du schöne Tage erleben, Dein Jo.«

Mit ihrer Rückkehr ergibt sich eine weitere Verschärfung der Situation. Jo fühlt sich erniedrigt – ungeachtet der Macht, die er im Studio hat. Außerdem erschöpft ihn auch die Arbeit, er sieht kein Fortkommen: Einer, der im Treibsand zu laufen versucht, so kommt er sich vor. Schließlich ist er geradezu vernarrt in den Gedanken, dass seiner Stagnation nur noch durch eine Lösung von

Marlene entgegengewirkt werden könne, von der Frau, deren Name mit seinem in einem Atemzug genannt wird. Was, so fragt Jo sich verzweifelt, bedeutet er ihr schon? Sie hat ihren Hofstaat um sich versammelt. Maurice Chevalier, der französische Charmeur, gehört dazu. »Das Gefolge« nennt sie, die Königin, die Herren in weißen Flanellhosen, die an ihrem Frühstückstisch Platz nehmen und Eier und Speck essen dürfen, im Gegensatz zum »Fußvolk«, bestehend aus ihrer Tochter Maria und den Dienstboten.

Jo kann und will keine Rolle mehr spielen, die sie ihm zuweist. Er will nicht einer unter vielen sein. Dass sie den Studiobossen gegenüber darauf besteht, nur mit ihm arbeiten zu wollen, wiegt die Kränkungen, die er empfindet, nicht auf. Als Adolf Hitler Deutschland regiert, macht sie einen Besuch in Paris und wird in der deutschen Botschaft gefragt, ob sie nicht nach Hause kommen wolle, nach Berlin. Sie würde der Star des neuen Regimes. Sie zuckt mit keiner Wimper. Sie schlägt die berühmten Beine übereinander und sagt nur einen Satz:

»Mein Regisseur heißt Josef von Sternberg.«

Immer wieder beweist sie ihrem Jo, dass Treue nicht von der Anzahl der Liebhaber abhängig ist. Aber er ist nicht zu überzeugen, es wird für ihn zu einer Frage der Selbstachtung, sich neue Herausforderungen zu suchen und andere Bestätigungen. Er flieht bis nach Deutschland – und wieder zurück, denn Berlin ist für den Juden von Sternberg über Nacht zu einem gefährlichen Ort geworden.

Noch einmal ein Aufleuchten, ein Anknüpfen an die früheren Hoffnungen: Ein leidenschaftlicher Streit und eine eben solche Versöhnung zwischen Marlene und Jo.

Endlich bringt er es einmal fertig, sie eifersüchtig zu machen – er hat ein Verhältnis mit seiner Sekretärin –, eine Erfahrung, die ihm unendlich guttut. Er plant einen neuen Film, sie reist nach Europa. Von dort schickt sie ihm ein Telegramm:

»Nimm dir von meiner übergroßen Liebe soviel wie du brauchst – Stop – Nicht so viel, dass es dich beunruhigen würde und auch nicht zu wenig, damit es nicht mühevoll für dich wird – für immer dein größter Fan Schulter an Schulter.«

The Scarlet Empress, Marlene spielt darin die russische Zarin, wird nicht der erhoffte Erfolg, ein letzter gemeinsamer Film: *The Devil is a Woman* – und dann das unwiderrufliche Ende ihrer Beziehung.

Jo gibt eine öffentliche Erklärung dazu ab:

»Wir sind den gemeinsamen Weg so weit wie möglich gegangen. Ein weiteres Bleiben von mir bei Miss Dietrich würde weder ihr noch mir helfen. Wenn wir so weitermachen, würden wir in ein Fahrwasser geraten, das für uns beide schädlich wäre.« In seiner Autobiographie fällt die Bilanz noch knapper aus: »Für mich war eine Phase der Knechtschaft beendet, die niemanden in Verruf gebracht hatte außer mir selbst.« Marlene, wie immer bei solchen Gelegenheiten, zieht sich tagelang in ihr Schlafzimmer zurück und hört sich ihre Lieblingsschnulzen an.

»Ich glaube nicht, dass wir einen Anspruch auf Glück haben«, sagt Marlene Dietrich, »wenn das Glück kommt, sollte man dankbar sein.«

»Niagara meiner Sehnsucht«

KLABUND UND CAROLA NEHER

Ende der 20er Jahre in Berlin. Ein Kostümfest: viele Menschen, von denen die meisten um Mitternacht herum längst mehr als ein Glas Champagner zuviel getrunken haben. Man tanzt, raucht, flirtet. Im Gedränge ein zierlicher Mann, dem der Smoking um den abgemagerten Körper hängt wie ein schlaffes Segel am Mast. Seine Blicke hinter dicken Brillengläsern irren umher, er atmet kurz und stoßartig, auf seiner Stirn steht der Schweiß. An sich gepresst wie der Pilger das Gebetbuch hält er eine elegante weiße Damenhandtasche. Der Berliner Journalist Fred Hildenbrandt beschreibt die Szene.

Der Mann im Smoking ist der Dichter Klabund, die verzweifelte Suche gilt seiner Frau, der schönen und erfolgsverwöhnten Schauspielerin Carola Neher, die er irgendwo auf der Tanzfläche vermutet. »Ich möchte so gerne nach Hause«, stammelt der Dichter, »sie kann ja bleiben ...« Hildenbrandt, offenbar von jähem Mitleid ergriffen, sucht nun ebenfalls nach der Verlorenen, findet sie in den Armen eines anderen, lässt nicht locker, bis sie mit ihm geht, und führt sie zu ihrem Mann zurück. »Die beiden brachen sofort auf«, berichtet Hildenbrandt, »sie sprachen kein Wort zusammen, sie sagten auch nicht adieu.«

Für den gerade 38jährigen Klabund ist mit dem Frühjahr 1928 die letzte Etappe seines Lebens angebrochen. Im August stirbt er an Tuberkulose. Seine Frau, aus Berlin nach Davos geeilt, um während seiner letzten Tage bei ihm zu sein, wird ständig von den Anrufen des Stücke-schreibers Bert Brecht gepeinigt: Der probiert im Theater am Schiffbauerdamm die *Dreigroschenoper*. Carola Neher ist eine seiner Hauptdarstellerinnen, und er drängt sie, zurückzukommen.

Genau vier Jahre früher fängt die Geschichte zwischen dem Dichter Alfred Henschke, der sich Klabund nennt, und der schönen Münchnerin Carola Neher an – in einem Straßenbahnwagen ihrer Heimatstadt. Sie ist unterwegs ins Theater und nimmt wie jeden Tag die Linie 2. An einer der Haltestellen – die Bahn fährt gerade an – schwingt er sich aufs Trittbrett. Ein erster Blick – und die Weichen sind gestellt. Für sie am Anfang weiter nichts als ein Flirt unter vielen. Für ihn der Absturz in die Hilflo-sigkeit uferlosen Verliebtseins: »Hinter den Schläfen don-nert der Niagara meiner Sehnsucht ...«, schreibt er ihr.

Sie wird ihn immer begleiten, diese Sehnsucht, auch dann, wenn Carola bei ihm ist. Nie ist er sich ihrer Liebe wirklich sicher, immer findet er sich in der Rolle des Wer-benden, Bittenden, Flehenden. Ungewohnt für ihn, denn bis zu dieser Begegnung ist beinahe immer er es, der die Spielregeln bestimmt. »Kettenraucher der Liebe« nennen ihn seine Freunde wegen seiner ständig wechselnden Amouren. Wie ein schüchterner Student habe er ausgesehen, »umgeben von einer Aura des Liebenswürdigen«. Sein scheuer Charme, die brüchige Stimme und die melancholischen Augen machen ihn begehrenswert – er ist so rührend und so hilfsbedürftig. Dabei von seiner Krankheit gezeichnet, seit er 16 ist. Nun also eine Frau, in der er seine Meisterin gefunden hat.

»Anbei muß ich Ihnen, eitel wie ich bin, einmal meine Frau vorstellen«, schreibt er einem Freund, »sie ist so schön, so klug, so genial, daß sie, in ihrem Jargon gesprochen, mich völlig an die Wand gespielt hat und Sie von mir nicht mehr viel übrig finden werden. Einmal kommt ja die Frau, die uns unbewußt an allen anderen Frauen rächt und uns radikal auffrißt. Mit Haut und Haaren, Leib und Seele. Auch nicht ein Seelenzipfelchen bleibt unverspeist. Denn die gesunde Sphinx hat einen guten Appetit. In dem angenehmen Zustand des Gefressenwerdens befindet sich momentan der ergebenst Unterzeichnete.«

Auf Fotos, die sie beide zeigen, strahlt immer er sie an, während sie den Betrachter anlächelt. So sehr sehnt er sich nach der innigen Nähe seiner »Silberfüchsin«, wie er sie nennt, dass er sich die Worte, die er gern von ihr hören würde, selbst erfindet und ihr in den Mund legt: »... manchmal denke ich, du verdienst eine ganz andere Frau als mich – eine hingegebene – ich kann mich nicht hingeben, denn wenn ich mich hingäbe, wäre ich verloren ...«

Und an anderer Stelle spielerischer, aber wie so oft bei Klabund mit bitterem Beigeschmack:

> »Alle Frauen
> Die dich früher liebten,
> Hatten so viel Zeit für dich.

Ich habe gar keine Zeit –
Nicht für dich
Kaum für mich.
Ich habe nie Zeit
Zu einem flüchtigen Kuß
Und einer verwehenden oder bösen Zärtlichkeit.
Je nachdem ich gelaunt bin.
Ich habe den ganzen Tag Probe.
Abends spiele ich Theater.
Dazwischen Masseure, Friseure, Photographen –
Wann soll ich dich lieben?
Nachts nach der Vorstellung bin ich todmüde.
Verzeih mir, daß ich dich nicht lieben kann.
Vielleicht im Sommer
In Interlaken oder Brioni
Aber bis dahin wirst du nicht warten wollen.
Schade.«

1924, im Jahr der ersten Begegnung, hat Klabund sich längst einen Namen gemacht – als Publizist, Lyriker, Dramatiker. Sein geheimnisvolles Pseudonym übrigens – heute besser bekannt als sein Werk – setzt sich aus der End- beziehungsweise Anfangssilbe der Wörter »Vagabund« und »Klabautermann« zusammen. Sein endgültiger Durchbruch als Theaterautor steht kurz bevor. Carola Neher, zehn Jahre jünger als er, stürzt sich mit glühendem Eifer auf die Theaterarbeit. Noch spielt sie kleine Rollen für geringe Gagen, aber ein Engagement mit ganz anderen Herausforderungen ist ihr schon gewiss: In der nächsten Spielzeit wird sie nach Breslau gehen, ans »Lobe-Theater«, wo anspruchsvolle Aufgaben auf sie warten.

Die Anziehungskraft der jungen Musikertochter, die
selbst hervorragend Klavier spielt, ist enorm groß, es habe
immer eine verwirrende Treibhausluft um sie her ge-
herrscht, berichten ihre Kollegen. Dabei entfaltet die
schwarzhaarige Prinzessin ihr Talent erst richtig, wenn
sie auftritt: »Wir Schauspielerinnen sind nur auf der

Bühne in unserem Element – im Leben stolpern wir«, sagt sie in einem Interview. Von ihrer Stimme schreibt ein Kritiker, sie sei »ein vermenschlichter Glockenton«. Und er ist überzeugt, »dass diese Frau nur zu dem Zweck geschaffen wurde, auf der Bühne zu stehen ...« Besonders überzeugend natürlich die Komplimente ihres heißesten Verehrers, ihres Ehemannes:

> »Du bist das holdeste
> Was wir seit langem hier gesehen.
> Denn, was du willst, das kannste (kannste)
> Und was du kannst, das kannst du schön.«

Die junge Liebe, die aus dem kurzen Funkenflug im Straßenbahnwaggon erwächst, ist immerhin für beide so stark, dass man sich noch in München entschließt, die Lebenswege künftig in die gleiche Richtung zu lenken. Wer sich dabei wem anzupassen hat, ist allerdings von vornherein klar: Als Schauspielerin ist Carola Neher an eine bestimmte Stadt, an ein Haus gebunden. Der Dichter dagegen, wenn er nicht ohnehin gerade in Davos ist, um seiner kranken Lunge gesunde Höhenluft zu gönnen, kann überall dichten.

Während der ersten gemeinsam zurückgelegten Strecke kommt es zu einem kurzen Wortwechsel über die Köpfe der anderen Fahrgäste hinweg, und der elegante junge Mann und die aparte Münchnerin sehen sich noch am selben Abend wieder. Sie hat ihm von ihrer Arbeit erzählt, und er, von ihr verzaubert, findet sich nach der Vorstellung am Bühneneingang ein. Auf Spaziergängen im Englischen Garten kommt man sich bald näher, und Carola vergisst über der neuen Liebe vorübergehend ihre anderen Verehrer, darunter auch den damals noch unbekannten jungen Mann aus Augsburg, Bert Brecht.

Für Klabund, einen Mann, den die Frauen lieben und der sich immer so gern und möglichst unverbindlich von ihnen hat verwöhnen lassen, bewirkt diese eine die zweite Erschütterung in seinem Leben. Im Sommer 1924 ist der Schmerz, den der Tod seiner ersten großen Liebe ausgelöst hat, noch immer frisch. Sechs Jahre zuvor, im Juni 1918, hatte Klabund eine Mitpatientin geheiratet, Brunhild Heberle aus Passau. Zart war sie, wie er, durchscheinend fast, hellblond das Haar: eine Elfe. »Irene« nennt er sie in seinen Gedichten, weil »Irene« Frieden bedeutet. Obwohl von schwacher Konstitution, will sie unbedingt ein Kind. Es wird geboren, und die Mutter stirbt. Klabund ist verzweifelt und fühlt sich schuldig, um so mehr, als auch das Kind nur wenige Monate am Leben bleibt.

»Ich war dein Tod. Ich habe dich gemordet«, schreibt er,
»Schuld bin ich, daß das Chaos wie ein Krater
Aufbricht und Feuer speit. Ich bin der Vater
Der Anarchie, die rot uns überbordet.

Ich war dein Tod. Ich habe dich gemordet.
Vergebens mahnte mich der brave Pater,
Ich schändete dich, dolorosa mater …
Ich habe dich mit meinem Kind gemordet …«

Mit wundem Herzen gleichsam folgt er nun den Wegen der kapriziösen Schauspielerin. Nach dem Engagement in Breslau ziehen sie nach Berlin, ins Zentrum des kulturellen Geschehens. Während die Tuberkulose ihn mehr und mehr zerstört, so sehr er sein Kranksein auch zu ignorieren versucht, macht Carola die ganz große Karriere. Auf sie zu warten wird eine seiner Hauptbeschäftigungen.

»O lieber Stern! Wann erscheinst, wann scheinst du? … Die Vorstellung ist erst um 11 Uhr aus. Und es ist jetzt halb zehn Uhr … Du bist der einzige Lichtblick in dieser tristen Einöde, Mitteleuropa genannt. Komm, komm bald! Ich bin schon beim fünften Tee mit Rum und beginne eben mit einer Serie Grogs. Ich liebe. Ich liebe Dich. Ich liebe Dich.«

Wenige Jahre und seine Kräfte sind aufgezehrt. Zur Ruhe und dazu, einander gutzutun, kommen die beiden eigentlich immer nur, wenn das Theater weit weg ist. Während eines Sommerurlaubs in Zeesen zum Beispiel, an einem See in der Mark Brandenburg, oder im Süden, am Mittelmeer, wo sich Klabund wegen des milden Klimas immer besonders wohl fühlt.

Als er im Spätsommer 1928 in Davos ankommt, sehen seine Ärzte sofort, wie es um ihn bestellt ist. Er hat eine Lungenentzündung bekommen, eine Hirnhautentzündung kommt dazu, er fiebert. »Wenn ich gehe zu Gott«, hat er, der den Tod immer dicht neben sich wußte, geschrieben, »Trage ich in Händen das Wort … / Nimm es zurück. – Und schaff / Leicht mir die Hände und leer …«

Nach dem Tod ihres Mannes – sie hat Tage und Nächte an seinem Bett gewacht – feiert Carola Neher noch viele weitere Triumphe, deren strahlendster sicher ihre Rolle als Polly in Brechts und Weills *Dreigroschenoper* ist. Eine heftige Liebesbeziehung mit dem Musiker Hermann Scherchen zerbricht, weil Carola einen jüngeren Mann kennenlernt, den deutsch-rumänischen Ingenieur Anatol Becker. Mit ihm geht sie zu Beginn der Nazizeit nach Moskau. Damit tut sich ein Abgrund auf, der die »Silberfüchsin« und alles, was sie liebt, verschlingen wird.

Sie und ihr Geliebter werden zu Opfern von Stalins sogenannten Säuberungen. Beide sind in die Sowjetunion gereist, weil ihnen der Kommunismus als Verheißung der Menschlichkeit erscheint, während Westeuropa im Faschismus versinkt. Anatol Becker wird 1937 erschossen, Carola Neher zu zehn Jahren Haft verurteilt, beider Sohn Georg in ein Heim gebracht. Der letzte Brief, der von Carola erhalten ist, ist an das Heim gerichtet, in dem sie ihren kleinen Georg untergebracht weiß:

»Da ich beinahe eineinhalb Jahre von meinem Sohn nichts erfahren habe, möchte ich Sie bitten, mir folgende Frage zu beantworten: Wie geht es meinem Sohn, physisch, geistig? Was macht er? Lernt er schon lesen und schreiben? Ob er sich wohl noch an seine Mutter erinnert? Ich möchte Sie bitten, mir ein Foto von ihm aus letzter Zeit zu schicken… Ich warte ungeduldig auf Ihre Antwort und hoffe, daß ich bald selbst alles Erdenkliche für mein geliebtes Kind tun kann …«

Die Sterbeurkunde, die der KGB nach Jahren dem Sohn übergibt, spricht von einer »unbekannten Krankheit«, die die Schauspielerin befallen habe. Dabei ist die Todesursache klar: Carola Neher gehört zu den Opfern einer Typhus-Epidemie und stirbt am 26. Juni 1942 auf dem Weg nach Sibirien an der Grenze zu Kasachstan.

»Sag ich: Ja, das mach ich, und das habe ich dann auch 27 Jahre lang gemacht.«

LIESL KARLSTADT UND KARL VALENTIN

Sie sieht ihm nach, wie er die Straße hinuntergeht. Ein Mensch wie eine Vogelscheuche: Lang, dünn, leicht gebeugt, mit Füßen groß wie Kindersärge. Warum hat sie ihn eigentlich hinausbegleitet? Ach ja, er hat gemeint, er findet den Ausgang nicht, dieser kuriose Mensch, wo man doch den Ausgang im Frankfurter Hof gar nicht verfehlen kann. Elisabeth Wellano hat ihren Auftritt mit einer Volkssängertruppe gerade hinter sich, im Publikum wendet man sich wieder mit viel Talent für die Konzentration auf das Wesentliche, dem nächsten Maß Bier zu. Die Künstlerin ist noch im Kostüm: ein Flatterkleid, vorn bestickt und ohne Ärmel. Nur gut, dass sie sich ihr Halstuch umgelegt hat, der Abend ist doch kühler, als es im Saal den Anschein hatte.

Was hat dieser Mensch gesagt? »Sie Fräulein«, hat er gesagt und sich tief zu ihr hinuntergebeugt. »Sie treten als Soubrette auf, heut' hab' ich Sie zum erstenmal gesehen. Sie, des is nix ...« Sie ist umso erstaunter, als sie das genaue Gegenteil erwartet hat. Das Publikum liebt sie.

Wenn einer was sagt, dann sagt er ein Lob. Dann sagt er, dass es ihm gefallen hat.

Elisabeth Wellano spielt die Kameliendame in volkstümlicher Manier. Sie spielt in Komödien und Schauerdramen. Sie spielt jeden Abend etwas anderes. Sie schluchzt, sie ringt die Hände. Oder sie setzt sich ein kesses Hütchen auf, sie jauchzt und lacht und weiß schon ganz gut, wie man mit einer Pointe richtig ankommt beim Publikum, dass man ja nichts verschenkt und die Pausen richtig setzt, dass man nicht zu atmen vergisst und die Schultern locker hält. Also, so einer wie der klapperdünne Mensch mit den roten Haaren ist ihr in ihrer kurzen Laufbahn überhaupt noch kein einziges Mal begegnet, und die Elisabeth schaut noch immer fröstelnd die Schillerstraße entlang, als der Valentin längst um die nächste Hausecke verschwunden ist.

Elisabeth Wellano ist keine zwanzig Jahre alt, als ihr der Ritter von traurigster Gestalt begegnet: Einen neuen Namen wird er für sie erfinden, einen eigenen Stil, ein anderes Selbstverständnis. Es wird kein Stein auf dem anderen bleiben im Lebensgebäude von Elisabeth Wellano. Er wird ihr Partner auf beinahe immer, sie wird seine Geliebte, Beschützerin, Muse, Stichwortgeberin, Ideengeberin, Geldgeberin, Allesgeberin.

An jenem Frühlingsabend 1911 hätte ihr das niemand erzählen dürfen, sie hätte nur gegluckst vor Lachen, denn an Selbstbewusstsein fehlt es der Münchner Bäckerstochter mit dem italienischen Namen keineswegs. Wie hätte sie sich sonst losmachen können vom vorbestimmten Lebensweg: Verkäuferin ist sie gewesen, im Warenhaus Tietz, Abteilung Kurzwaren, und der Schritt auf die Bühne der

Bahnhofsgaststätte Frankfurter Hof hat schon einige Gemeinsamkeiten mit dem Sprung der Goldmarie in den Brunnen der Frau Holle. Lehrerin hat sie werden wollen, denn ihre Zeugnisse waren gut. Aber das war nicht möglich für ein Mädchen aus der Unterschicht. Die Lehre, die sie dann hat machen dürfen, war schon ein Zugeständnis: Aus den meisten Mädchen ihrer Herkunft wurden Dienstmädchen oder eben Ehefrauen. Vater Wellano, der Bäckermeister, hat natürlich nicht gewollt, dass eines seiner Kinder sich derartig weit von der Wohlanständigkeit weg bewegt. Ein Donnerwetter hatte es gegeben, als Elisabeth ihr Vorhaben beichtete, einer Volkssängertruppe beitreten zu wollen! Deren Direktor hatte sie im Bamberger Hof, wo sie mit leuchtenden Augen gesessen und den Musikanten zugehört hatte, angesprochen, und danach sogleich engagiert. Es war so ungeheuerlich wie unverfroren, und Vater Wellano hatte gleich wieder ein schlechtes Gewissen, dass die Kinder seit dem Tod seiner Frau vor drei Jahren nicht richtig versorgt und nicht richtig beaufsichtigt wurden. Dabei war ihm gerade die Elisabeth immer als so zuverlässig, still und klug vorgekommen!

Elisabeth muss immer an ihren Vater denken, wenn sie, wie jetzt, in der Garderobe steht, ihr Flatterkleidchen gegen ihr eigenes eintauscht und sich die dicke Schminkeschicht vom Gesicht wischt. Sie hat sich gegen ihn durchgesetzt und beim Personalchef von Tietz gekündigt. Wenn sie als Volkssängerin keinen Erfolg hätte, sagte der, könnte sie jederzeit zurückkehren. Niemals, sagte sich Elisabeth, das würde dem Vater ja auch noch recht geben, und laut sagte sie, dass sie sich bedankt und dass sie es zu schätzen weiß.

Keinen Busen!, fährt es ihr in den Sinn, als sie sich das Kleid zuknöpft. Sie habe keinen Busen, hat dieser Mensch zu ihr gesagt. Nicht ihr Vater, natürlich nicht, und nicht der Personalchef, sondern der bleiche Klapperdürre, der hier im Haus als Solist auftritt. Den sie insgeheim nicht wenig bewundert. Ganz schmale Lippen bekommt die Elisabeth, wenn sie an ihn denkt. Wie er sie dazu hat rumkriegen können, ihn zum Ausgang zu begleiten, wo es doch eindeutig ist, dass er sich besser auskennt als sie. Weglocken von den anderen wollte er sie halt. Und dann so eine Unverschämtheit von einer Kritik. Über die Gürtellinie zielend zwar, aber doch unverschämt! »Wissens, Sie san so schüchtern, und so brav schauen Sie aus. A Soubrett muss kess sein, die muss einen Busen haben!« Sie war zu verdutzt, um irgendetwas entgegnen zu können, sie, die sonst nicht aufs Maul gefallen ist. In die Pause hinein ein Schnaufen von ihm und noch ein Satz: »Sie sind sehr komisch, Fräulein, Sie müssen sich darauf verlegen. Ich schreib Ihnen mal in der nächsten Zeit ein komisches Soubrettencouplet, also eine Parodie auf eine richtige Soubrette. Und des bringen' S.«
Der Text kommt per Post, und er gefällt ihr:

… Doch nun hab ichs überwunden
und habe endlich einen süßen Schatz gefunden.
Dieser schöne, junge, stramme Mann
Schaut mich so liebend an.
O nimm mir diesen Stein (Stein wegwerfen) vom Herzen,
Bereite mir nicht so viel Kummer, Sorg und Schmerzen,
Du kecker Herzensdieb …!

Dem Publikum gefällt die Parodie ebenfalls, und die Elisabeth findet einen wichtigen Teil von sich selbst, während sie sie sich erarbeitet: die zugespitzte Übertreibung, die Ernsthaftigkeit, aus der die Komik erst entspringt. Der Valentin hat seine Freude dran. Und mehr als über ihren Erfolg beim Publikum freut sie sich, wenn sie bemerkt, dass er ihr zuhört.

Für Karl Valentin treffen im Jahr 1911 zwei wichtige Ereignisse zusammen. Er heiratet die Mutter seiner beiden Töchter, Gisela Royes, und er lernt Elisabeth Wellano kennen. Für einen wie ihn, den das Schicksal immer hart am Abgrund entlangführt, sind zwei Frauen das Allermindeste. Zwei halten mehr aus als eine, und wenn sie schon nicht den Mund halten, so halten sie ihn doch fest, stabilisieren, zivilisieren und revitalisieren ihn, wärmen und umsorgen ihn, bilden einen Puffer zwischen Mann und Welt, lassen ihn, wenn nicht zur Ruhe, so doch immerhin gelegentlich zu Atem kommen. Kurz und gut: Das Leben als hochgefährliche Angelegenheit, das es ist, wird überhaupt für ihn erst möglich durch seine beiden Frauen. Da wiegt das Ärgernis, das die eine für die andere darstellt, ganz gering, denn was für ein Ärgernis hätte eine jede, so sagt sich Karl Valentin, wenn sie einen wie ihn ganz alleine am Halse hätte.

Ein erstes Treffen mit der Liesl, wie er sie nennt, außerhalb des Frankfurter Hofs findet an einem heißen Tag im Englischen Garten statt. Man setzt sich auf ein Bier. Karl Valentin lässt seine Maß lange stehen, bis das Getränk nicht mehr allzu kalt ist. »Ich bin sozusagen absolut ungesund von der Geburt an«, erzählt er und dass ein kaltes Bier verhängnisvolle Folgen für den ganzen inneren Menschen haben könnte. Als er endlich trinkt, stößt es ihm tief von unten heftig auf. Sie erzählen einander von ihrer Kindheit, die Liesl von ihren vielen Geschwistern, vor allem von ihrer Schwester Amalie, die wie sie selbst an einem 12. Dezember geboren ist. Valentin von der Schreinerlehre, die er gemacht hat, dass er eigentlich Ludwig Fey heißt und einen charakteristischen Charakter habe. Sie beobachtet ihn, er beobachtet sie. Viele Minuten richtet er einen stieren Blick auf ihren Ausschnitt. Sie hat das Kleid mit der Rüsche am Busen gewählt, das offenherzige, damit er sehen kann, wie unrecht er hatte mit seiner Beschuldigung, sie habe keinen Busen. Und was für einen Busen sie hat! Unter seinem langen Blick wird er immer noch ein bisschen auffälliger, so kommt es der Liesl vor, und im gleichen Moment wird ihr klar, dass sie ihrerseits ganz hingerissen ist von den Valentin'schen Ausführungen, von seiner verqueren Sprache, seinem nüchternen Witz, seiner Schlagfertigkeit.

Sie haben dann nicht sofort und ganz und gar zueinandergefunden, die Liesl und der Valentin. Sie ist nach Hause gegangen, und er hat sich geärgert, dass er nicht mutiger seine ureigensten Interessen verfolgt hat.

Das nächste Kapitel ihrer Annäherung ist eine Rettungsaktion: Die Liesl will eine Tournee machen mit einer zweifelhaften Truppe, und Karl Valentin wirft sich mutig dazwischen. Womöglich sei es Mädchenhandel, was sich da anbahne, warnt er, er erwägt direkt die Ärgste aller Möglichkeiten. Denn eines ist ihm klar geworden nach dem Besuch im Biergarten: Die Liesl ist ein Goldstück: Fröhlich und begabt, mütterlich und zuverlässig, vielseitig und umtriebig. Er will sich mit ihr zusammentun, in diesem wie in jenem Sinne, und als es ihm gelungen ist, sie von der Tournee abzuhalten, und sie sich ein weiteres

Mal treffen, verhängt er als Erstes einen neuen Namen über sie: Liesl Karlstadt. So wird sie die Seine, denn wenn man jemandem den Namen gibt, dann ist das in den Augen von Karl Valentin, als hätte man sich ein Stück Land abgesteckt, das man künftig nach eigenem Ratschluss bestellen kann.

Als Liesl Karlstadt wird Elisabeth Wallano Valentins Schülerin, und weil sie sich so gut verstehen und weil es schon bald nichts mehr gibt, was man einander vorenthalten möchte, steigt der Lehrer mit seinen unendlich langen Beinen seiner Schülerin in deren spartanisch möbliertes Zimmer hinterher. Es ist nicht Nacht, es ist heller Tag, am Abend nämlich muss Karl Valentin zu Hause sein. Natürlich weiß die Liesl zu dem Zeitpunkt noch nicht, dass der von ihr verehrte Misanthrop und Grantelkomiker ein Familienleben führt, und als sie ihn so vor sich im Sessel sitzen sieht, die Knie in Kinnhöhe, malt sie sich ein eheliches Sein mit ihm aus.

Stumm sieht er sie an, und sie weiß, dass sie ihn jetzt verführen müsste, denn von allein macht der ja nichts, und dass sie keine Ahnung hat, wie das gehen könnte. Und sie hofft, dass ihre Wirtin nicht frühzeitig nach Hause kommt. Immerhin steht der lange Kerl jetzt auf, sie hat die Chance ebenfalls aufzustehen – sie reicht ihm knapp bis zu den Schultern – und Vorteile aus dem Umstand zu ziehen, dass sich eine Umarmung im Stehen leichter bewerkstelligen lässt als im Sitzen. Ängstlich sieht sie seinen Blick auf ihr schmales Eisenbett gerichtet, und tatsächlich kommt es ihr zweifelhaft vor, dass das Gestell sie beide tragen wird.

Lange kann es nicht gedauert haben, ehe die Liesl herausgefunden hat, wie es um ihn bestellt ist, dass er eine Frau, dass er Kinder hat, dass er unter falscher Flagge gesegelt ist – und sie mit ihm! Da allerdings ist es für einen Absprung zu spät, denn das Schiff ist längst auf hoher See, man arbeitet zusammen, man macht ein eigenes Programm, die Segel sind gesetzt, die Rollen verteilt. Ohne Aufstöhnen nimmt die Liesl die Situation nicht hin, aber der Valentin sagt es ihr klar: Er sei der Sauerampfer im Kräuterbeet der Liebe, für Schwüre und Gesäusel sei er nicht zu haben, nicht für die Küsse im Mondschein, nicht für die Beschwörung von Ewigkeiten. Die Gisela könne er nicht verlassen. Sie halte ihm Haushalt und Leibwäsche zusammen und koche sein Essen, sie dränge sich nicht auf und nicht dazwischen, ein Mensch wie die Gisela verdiene einen gewissen Respekt.

Eine der Valentin'schen Töchter hat später erzählt, wie es war: »Dass es mit dem Fräulein Karlstadt besser harmoniert hat, das ist ganz klar. Aber meine Mutter hat er halt gebraucht, die war eine gute Hausfrau.« Und 1956, da war sie 75, hat die Gisela dem *Münchner Merkur* ein Interview gegeben: »Die meisten Leute haben immer gedacht, die Liesl Karlstadt wär seine Frau! Aber wenn ich gemeint hab, zurücktreten zu sollen, dann hat er mir immer wieder versichert: Ohne dich kann ich nicht leben.« Während ihrer Zeit zu dritt kommt es zu Missklängen und Aufsässigkeiten, von der einen, wie von der anderen Seite. Karl Valentin hat es nicht leicht. Schon sieht er seine Produktivität und sein Künstlertum gefährdet bei all dem Geschrei. Wo er sich konzentrieren muss.

Liesl Karlstadt geht mehr als einmal in dieser Zeit mitten aus den Proben heraus in die Salvatorkirche. Da sitzt sie dann auf einer der Bänke weit vorn, da hat sie Ruhe und Luft zum Atmen und klarere Gedanken. Sie weiß, sie will nicht so leben. Aber sie begreift, dass sie nicht anders kann. Irgendwann kommt auch im aufgeregtesten Hin und Her eine Wiederholung zustande, eine Gewöhnung. Und Liesl Karlstadt nimmt ihre Rolle an: auf der Bühne und im Leben. Sie sieht keinen Ausweg. Auch ist sie schwer beschäftigt: Die beiden Komiker werden zum Idealfall für die gemeinschaftliche Darstellung menschlicher Unzulänglichkeit. Er ist der Verwirrte, sie die Geradlinige, er in den Wolken, sie auf dem Teppich, er wirft die Bälle, sie fängt sie auf. Was hatte er ihr geschrieben am Silvestertag 1912? »Möge es uns vergönnt sein, das neue Jahr und noch viele andere Jahre weiterzumachen in der wahren Liebe zueinander wie bisher. Bleibe fernerhin mein gutes braves Lieserl.«

Ein gutes braves Lieserl zu sein, das bedeutet weit mehr, als man ahnt. Karl Valentin ist ein rechter Wirt für Ängste aller Art: Angst vor Krankheit, Angst vor dem Reisen, Angst vor Gewitter, Angst vor dem Auftritt. Die Ängste sitzen in ihm drin wie die Würmer im Fallobst. »Wenn ich mein braves Liesl nicht hätt', die auf alles eingeht, was sie noch nicht weiß, könnte jeden Tag das größte Malheur auf der Bühne passieren. Außerdem habe ich noch einen lieblichen Angstkomplex.«

Liesl, nachdem alles hinter ihr liegt, sagt es so: »Er hat die 27 Jahre, wo wir zusammengearbeitet haben, jeden Tag, bevor der Vorhang aufgegangen ist, bei jedem Stück, was wir schon hundert- und zweihundertmal gespielt haben, gesagt: ›Gelt, wissen tu ich gar nix. Du sagst mir jedes Wort ein.‹ Sag ich: ›Ja, das mach ich.‹ Und das habe ich dann auch 27 Jahre lang gemacht.« Und die Journalistin Effi Horn beschreibt es in der *Bayerischen Staatszeitung*: »Jeden Abend legte ihr Valentin, hypochondrisch bis zum Exzess, die Last auf, das Lampenfieber für zwei Menschen zu überwinden, die Arbeitsenergie für beide aufzubringen, alles auszuräumen, was sich an Übellaune, Pessimismus, Angst und Widerspruch immer aufs neue als kaum übersteigbare Mauer zwischen Valentin und die Bühne, zwischen den Komiker und die Komik, zwischen den Schauspieler und sein Publikum schob. Asthmaleidend, aber dies Leiden mit allen Mitteln einer ungebändigten Einbildungskraft ausweitend, begann er jede Vorstellung das gleiche Spiel mit endlosem Husten, Räuspern und der Erklärung, er werde das Auftreten nicht überleben, er stürbe an Atemnot. ›Eine halbe Stunde‹, pflegte die Liesl zu sagen, ›brauche ich mindestens, bis ich ihn soweit hab', dass er überhaupt auftritt. Und dann geht's oft erst los.‹ Es ging los, dass sie ihm jedes Wort soufflieren musste, weil er beweisen wollte, dass er zu krank zum Spielen sei, oder es ging los, dass er plötzlich improvisierte, um sie zu verstören.«

Allen Widrigkeiten zum Trotz haben die beiden großen Erfolg. Daheim werden sie gehätschelt, auf Gastspielen umjubelt. Sie reisen – obwohl der Valentin es kaum schafft, ruhig im Zug sitzen zu bleiben – nach Zürich, Wien, Berlin. Immer bringt die Gisela ihren Mann zur Bahn, und die Liesl sitzt dann schon im Zug, damit sie der Gisela nicht begegnen muss.

Karl Valentin ist hochzufrieden mit seiner Liesl. So resolut und warmherzig zugleich, so blitzpräsent auf der Bühne, so gelehrig! Ob als Schusterjunge, Pikkolo, Kapellmeister, Photograph oder Feuerwerker: Männer spielt sie, als sei sie selber einer. Besser noch, denn wenn das Typische stärker herausgearbeitet werden muss, erkennt man es erst richtig. Für die wirklichen Männer ist eine Frau, die unter Männerkleidern zu entdecken ist, eine ganz besondere Attraktivität. Aber die Liesl muss darauf bedacht sein, den Valentin einen eventuellen Flirt ja nicht merken zu lassen. Als sie mit einem Kollegen Spaziergänge macht, lässt Karl Valentin die beiden von einem Detektiv überwachen. Und der Chauffeur Josef Kolb, den sie mit 35 Jahren kennenlernt und mit dem sie sich verlobt, trennt sich wieder, weil die Spannungen mit Valentin nicht auszuhalten sind.

Einmal riskiert die Liesl eine Reise nach Italien, im Jahr 1932. Zum Trost schickt sie ihrem Quälgeist ein Porträt mit ein paar Zeilen: »Meinem komischen Partner und Patienten Karl Valentin in nie versagender Geduld gewidmet von Liesl Karlstadt, Beruf: Nervenärztin, Nebenbeschäftigung: Komikerin.«

Viele Jahre geht das so, über böse Zeiten hinweg: Krieg, Mangel, Inflation – und dann zieht die Naziherrschaft herauf. 1931 schenkt der Valentin seine Gunst einer ganz jungen Kollegin, Annemarie Fischer, und Liesl Karlstadt kämpft mit Anzeichen von Verzweiflung um mehr Selbstachtung und Selbstständigkeit. Sie tritt in anderen Theatern ohne ihren Partner Valentin auf und hat großen Erfolg, wird auch von der Kritik endlich einmal als eigenständige Person und großartige Schauspielerin gefeiert. So gut ihr das tut – es wiegt die Vertracktheiten nicht auf. Der ständige Druck, die Verurteilung zur Komik. Nie bekommt sie heraus, was sie investiert. Stets ist das Gewicht ungleich verteilt, und sie ist es, die schwerer daran trägt. In Liesl Karlstadt macht sich schließlich eine tiefe Erschöpfung breit. Sie fühlt ihre Kräfte schwinden und sieht den Berg der Anforderungen immer höher werden.

Valentin richtet ein Grusel- und Gespenstermuseum ein, sein Panoptikum, und bringt die Liesel damit um ihre Ersparnisse. »I häng mi auf«, sagt sie, als sie den Schreckensplunder sieht, für den er ihr Geld herausgeworfen hat.

An einem Morgen im April 1935 – nicht einmal der betörende Gesang der Vögel dringt mehr an ihr Ohr – springt die Liesl in die Isar. An der Prinzregentenbrücke hat man sie aus dem Wasser gezogen, stark unterkühlt. In der Nervenklinik sprechen die Ärzte von Selbsthass, der die Patientin quäle, von Depressionen. Der Valentin kauft einen Blumenstrauß und besucht sie. Er ist erschüttert: Wie sehr hat sich seine tatkräftige Freundin verändert! Dumpf und stumpf brütet sie vor sich hin. »Zuerst sagte sie nix mehr, dann sagte er nix mehr, dann wechselten sie das Thema und schwiegen von was anderem«, notiert er.

»Liebe gute einzige Lisi«, schreibt er ihr, »ich bitt' Dich mit aufgehobenen Händen: Verzeih mir alles, was ich getan hab. Liebe Lisi, Du musst wieder gesund werden. Es geht nicht anders. Dein Valentin.«

Sie holt des Abends immer einen Brief aus der Tasche, den er ihr 1915 geschrieben hat:

> Die Dämmerung sinkt hernieder
> Vom hohen Himmelsraum
> Und hüllt die Erde wieder
> Leis flüstert in ihr Schweigen

Ein Lied vom Himmelszelt
Du bist mein Glück, mein eigen
Mein Himmel, meine Welt.

Es gibt viele Rückfälle – aber die Liesl wird wieder gesund. Ganz allmählich zeichnet sich darüber die Trennung von Liesl Karlstadt und Karl Valentin ab. Richtig
stabil fühlt sie sich eigentlich nur fern von ihm, in der
Natur, in den Bergen. Ein ganz neues Leben tut sich vor
ihr auf: Von 1941 bis 1943 lebt sie als einzige Frau bei
den Gebirgsjägern auf der Ehrwalder Alm in Tirol, als
»Gefreiter Gustav«.

Karl Valentin überlebt den Krieg und stirbt am 9. Februar
1948, einem Rosenmontag. Drei Monate zuvor ein letzter
Brief an die Liesl: »Liebe Lisi, meine jetzige Lage ist ziemlich trostlos. Ich kann mir nicht denken, dass ich diese
ständige Angst noch lange aushalten kann. Gedenkst Du
noch der schönen Maientage? Oh, wie glücklich waren
wir 1911. Dein Partner Karl Valentin. Es war einmal.«

Liesl Karlstadt lebt mit ihrer Schwester Amalie zusammen und arbeitet als Schauspielerin. Sie hat Bühnen- und
Rundfunkengagements. Ihr Todestag ist der 27. Juli 1960.
Sie ist mit ihrer Schwester in die Berge gefahren. Die beiden sind von einem Spaziergang heimgekommen, und die
Liesl bittet die Amalie, ihr vom Kiosk die Zeitung zu holen. Amalie, als sie zurückkommt, findet die Schwester
tot im Bett liegend. Später meint sie sich zu erinnern, dass
die Liesl gelächelt hat.

»Ich schlafe nackt und stelle mir vor, du wärest hier«

CAMILLE CLAUDEL UND AUGUSTE RODIN

Camilla – eine der Heldinnen aus Vergils *Äneis*. Berühmt wegen der unnachahmlichen Leichtigkeit und Grazie ihres Gangs. Über Ähren habe sie schreiten können, ohne die Halme zu knicken, über Wasser, ohne dass ihre Füße nass wurden.

Louis-Prosper Claudel und seiner Frau Louise-Athenaise ist am 8. Dezember 1864 eine Tochter geboren. Der Vater wählt die Namen aus für sein Kind: Camille Rosalie. Die Kleine hat eine missgebildete Hüfte. Sie wird laufen, springen, klettern, tanzen können, aber ein leichtes Hinken bleibt ihr fürs Leben. Die Leute in der Champagne, wo Camille aufwächst, sind abergläubisch, und speziell das Hinken gilt als ein Zeichen des Teufels. Für Camilles Mutter eine Bestätigung: Sie hat sich einen Sohn gewünscht. Ihr Erstgeborener, Henri, war kurz nach der Geburt gestorben. Als sie die Tochter sieht, stöhnt sie auf. Sie wendet sich ab, sie kann ihre Enttäuschung nicht verbergen. Eine Tochter erscheint ihr als das Ende aller Hoffnungen, schlimmer noch: als der Anfang allen Übels.

Der Vater nimmt die Kleine behutsam auf den Arm. Er trägt sie zum Fenster, er will das zarte Gesichtchen im letzten Licht des Wintertags genauer betrachten. Wie schön sie ist. Wie anmutig! Er wiegt sie, er berührt voller Staunen die winzige Nase, das Kinn, die Stirn. Er glaubt zu erkennen, dass sie blaue Augen hat, seine kleine Camille. Sie wird sein Kind, ganz und gar. Mit Verachtung sieht die Mutter seinen Stolz, wenn er anderen die Tochter präsentiert. Typisch für diesen Mann, der es mit der Bildung hat, mit Dichtern und Philosophen, dass er sich derartig in ein Mädchen vernarrt! Louise-Athenaise Claudel ist da von ganz anderer Prägung. Sie hat Landbesitz mit in die Ehe gebracht, für sie zählen, wer etwas hat und der praktische Nutzen. Das Leben ist hart. Mit Härte versucht sie es zu meistern. Noch ein Mädchen wird geboren: Louise. Und dann endlich ein Sohn: Paul. Camilles Liebling.

So interessiert Louis-Prosper Claudel als eifriger Zeitungsleser vor allem die kulturellen Ereignisse in der Hauptstadt verfolgt, vom ersten Schritt eines jungen Bildhauers an die Öffentlichkeit erfährt er nichts. Es wird nicht darüber berichtet. 1864, im Geburtsjahr von Camille Claudel, präsentiert Auguste Rodin, gerade vierundzwanzig Jahre alt, sein erstes Meisterwerk. Eine Plastik: »Der Mann mit der gebrochenen Nase«. Die Salonjury, Institution für die Bewertung von Kunstwerken, weist die Arbeit zurück. Die akademische Herrenrunde ist empört. Der junge Künstler hat sich über alles hinweggesetzt, was die Regeln verlangen. Schönheit, Ebenmaß, Ausgewogenheit gelten ihm nichts. Er versteht sich nicht auf die gebräuchlichen Posen. Seine Figur drückt Schmerz, Alter,

Hässlichkeit mit einer Direktheit aus, die als schamlos empfunden wird. »Es war die Fülle des Lebens«, schreibt später der deutsche Dichter Rainer Maria Rilke über den »Mann mit der gebrochenen Nase«, »... das strengste Auge konnte an dieser Figur keinen Platz entdecken, der weniger bestimmt und klar gewesen wäre. Es war, als stiege in die Adern dieses Mannes Kraft aus den Tiefen der Erde ...« Ein Träumer sei der Künstler Rodin, »ein Träumer, dem der Traum in die Hände stieg«. Er wird noch dreizehn Jahre unter schwierigen Bedingungen weiterarbeiten, ehe man ihn zu verstehen beginnt. Und noch ein Ereignis hebt das Jahr 1864 für Rodin hervor. Er lernt seine Lebensgefährtin Rose Beuret kennen.

Camille, ein willensstarkes, heftiges Kind, kann kaum laufen, als sie schon damit anfängt, aus Lehm und Sand und Tonerde Figuren zu formen. Ein paar Jahre später setzt sie dem kleinen Bruder Sterne und Vögelchen auf die freudig ihr entgegengestreckte kleine Handfläche. Über Stunden versinken die Geschwister in ihren Spielen. Camilles Schürzenkleider und Schnürstiefel sind immerzu beschmiert und verfleckt, ihre Fingernägel niemals sauber. Auf Verbote und Strafen der Mutter reagiert sie trotzig. Wenn sie kann, flieht sie zum Vater. Als die Familie in die Nähe von Paris zieht, nach Nogent-sur-Seine, Camille ist zwölf inzwischen, entsteht ein Kontakt zu dem Bildhauer Alfred Boucher, ein freundschaftliches Verhältnis, das von Camilles Vater sehr gefördert wird. Boucher erkennt das außerordentliche Talent der kleinen Künstlerin. Er hält sie für begabt genug, eine Ausbildung zu machen, er spricht darüber mit dem Vater.

Paris, 1881. Camille Claudel studiert an der Akademie Colarossi, eine private Kunstschule, die auch Frauen aufnimmt. Zusammen mit zwei Engländerinnen mietet sie ein Atelier in der Rue Notre-Dame-des-Champs. Alfred Boucher besucht sie weiterhin und korrigiert ihre Arbeiten. Er schlägt ihr vor, ihn auf eine Soiree zu begleiten: In den Salon der Madame Adam, die gern Künstler um sich schart, die gern Ausstellungen und Verkäufe vermittelt. Bei ihr, so berichtet Boucher, tauche auch manchmal der große Rodin auf, eben jener, von dem sie schon so viel gehört habe, dessen Technik und Themenwahl neue Maßstäbe setze. Camille horcht auf. Natürlich kennt sie Rodin. Begierig saugt sie alles auf, was über ihn zu erfahren ist. Widersprüchliche Informationen: Er soll schon in die Jahre gekommen sein, rothaarig, mit langem Bart, eckig, linkisch, schweigsam. Sehr darauf angewiesen, dass man ihn als Künstler respektiert, wenig gewandt auf gesellschaftlichem Parkett. Im Umgang mit Leuten, die ihm nicht vertraut sind, wirkt er unsicher, leicht gerät ihm etwas daneben, wenn er erzählt.

Enttäuschung bei Camille, als sie ihn im Salon der Madame Adam nicht entdecken kann. Sie hatte sich vorgestellt, er sei schon da. Viele Menschen drängen sich in drei großen Räumen, ein künstliches Gutgelauntsein, Schwaden von Parfüm und Puder, sanftes Licht. Camille beugt sich über ein Lilienbouquet und atmet mit geschlossenen Augen den Blütenduft. Womöglich kommt er ja gar nicht – Monsieur Rodin. Ein Glas Champagner hat sie schon getrunken, sie spürt, dass ihr Gesicht glüht, sie sieht sich nach den Toilettenräumen um. Sie geht auf die Tür zu. Da sieht sie ihn. Er steht im Türrahmen gegen-

über wie ein Monument. Als hätte er schon immer dort
gestanden. Ihre Blicke treffen sich. Er sieht, was ihr Bruder Paul Claudel als Huldigung an seine Schwester so beschreibt: »... eine stolze Stirn, die sich über wunderbaren
Augen wölbt, von jenem seltenen Blau, wie man es vielleicht in Romanen liest ... ein großer Mund, eher kühn

als sinnlich, die Lockenfülle des kastanienbraunen Haares, das ihr bis zu den Hüften reicht. Ein Ausdruck im Gesicht, der Mut, Offenheit, Überlegenheit, auch Fröhlichkeit bedeutet. Eine, der zuviel in die Wiege gelegt worden war.« Rodin sieht sie als Frau, er sieht sie als Modell. Sie spürt, wie sein Blick ihre ganze Gestalt erfasst.

Sie ist gerade ein Jahr in Paris, da nimmt die junge Künstlerin bereits an einer Ausstellung teil, im Salon der Société des Artistes Français, »Kopf einer alten Frau« nennt sie ihre Arbeit. »Ein seriöses, durchdachtes Werk«, steht in der Zeitung. Im Katalog wird sie als Schülerin Rodins vorgestellt. Seit kurzem erst arbeitet sie mit ihm. Boucher, der selber für einige Zeit nach Italien verreist, hat sie in sein Atelier gebracht. Für eine junge Frau ein kühner Schritt. Einer wie auf Neuschnee. Es gibt keine Spur. Ein freies Leben als Künstlerin, als Bildhauerin noch dazu, das ist etwas, wofür es praktisch kein Vorbild gibt. Schülerin zu sein in der Werkstatt eines inzwischen anerkannten Meisters, das hat noch etwas mit einem Leben unter der Obhut eines Stärkeren zu tun, mit der Rollenaufteilung zwischen Frau und Mann, wie sie üblich ist. Dennoch spürt Camille Claudel, dass sie beide, sie und Monsieur Rodin, der Form nach außen hin genügen, dass sie aber eigentlich nebeneinander stehen im Austausch von Gleich zu Gleich, dass sie zusammen arbeiten. Also doch Neuschnee: eine erregende, beglückende Erfahrung, wie die, auf noch unberührter Fläche zu gehen.
Damit auch ihm gegenüber, dem Lehrer, von Anfang an die Seriosität der Schülerin ganz deutlich wird, genügt es nicht, dass Boucher sie ihm zuführt. Ein Familien-

mitglied, ein männliches, muss einbezogen sein. Louis-Prosper Claudel begleitet seine Tochter. So wie ein Vater die Braut an den Altar begleitet. Sie besuchen Rodin zu Hause. Familie Claudel ist inzwischen nach Paris umgezogen. Man kann sich zu Fuß aufmachen. Camille möchte bei dieser Gelegenheit unbedingt durch das Viertel gehen, in dem Monsieur Rodin geboren ist, auch wenn dafür ein Umweg zu machen wäre. Der Vater willigt ein, ist selber neugierig.

Enge Gassen, triste Fassaden, Handwerksbetriebe, fliegende Händler. Kinder, viele Kinder: die Montagne Sainte-Geneviève ist ein buntes Viertel mit einem Anflug von Verkommenheit. In der Rue Abalète Nr. 3 Rodins Geburtshaus. Eine Mietskaserne. Vater Claudel schaut ungläubig an der Fassade entlang. Anders als andere Bürger verachtet er die Künstler nicht, er bewundert sie, sie haben für ihn etwas Erhabenes. Wie ist es da möglich, dass ein Künstler einem solchen Milieu entstammt? Schmutz und Trivialität, Armut, Enge und Derbheit – das alles hat in seiner Vorstellung mit einem Künstler nichts zu tun. Camille errät die Gedanken des Vaters. Ein Mensch könne sich sehr wohl befreien von dem Milieu, das ihn in der Jugend geprägt habe, sagt sie. Er sieht sie nur an.

Ob er eigentlich verheiratet sei, Monsieur Rodin, fragt er nach einer Weile. Verheiratet. Camille überlegt. Genau das hat sie sich auch schon gefragt. Es gibt Gerüchte: dass er eine Frau habe, eine gewisse Rose, einen Sohn außerdem. Aber verheiratet?

Monsieur Rodin erwartet sie schon. Camilles Vater, die Tochter bemerkt es sofort, ist sehr angetan von Rodin. Tatsächlich ist er herzlich, verbindlich, redselig auch, ganz anders als gewöhnlich im Atelier, ganz anders als in den Salons, wo das gehobene Geplauder ihn immer völlig zum Verstummen bringt. Eine Frau mit großer blauer Schürze verschwindet in der Küche, als die Besucher im Vorraum stehen. Monsieur Claudel bemerkt sie kaum, hält sie wohl für die Haushälterin. Camille fängt einen Blick von ihr auf und weiß Bescheid: Einen solchen Blick wirft keine Hausangestellte einer Besucherin zu. Auf diese Weise sieht eine Frau einer Rivalin ins Gesicht.

Camille steht am Fenster des Ateliers in der Rue de l'Université, Rodins Atelier. Sie haucht gegen die Scheibe, um ein Loch in die Eisblumen zu schmelzen. Rodin ist noch nicht da. Sie könnte den Ofen anheizen, aber sie weiß nicht, wo die Streichhölzer liegen. Sie ist froh darüber, dass der Vater sie zu ihrem Lehrer nach Hause begleitet hat, nicht hierher ins Atelier.
Als sie zum ersten Mal hier war, war der Raum überheizt. Zwei Modelle, beide nackt, posierten auf einer Art Podium, einer größeren Fläche, die etwas höher war als das Raumniveau. Camille hatte unschlüssig an der Tür gestanden, keiner hatte sie bemerkt. Rodin war in den Ton vertieft, der vor ihm lag, und drehte ihr den Rücken zu. Die Mädchen flüsterten miteinander und kicherten leise. Die Besucherin hatte gesehen, wie er sich die Hände an dem groben Überrock, den er trug, abwischte und auf das Podium gestiegen war. Er hatte sich einem der Mädchen von hinten genähert, sie an sich gezogen und mit sanften Händen sehr langsam ihren Körper erkundet. Brüste, Bauch, Schenkel. Als hätte er Augen in den Handflächen. Camille wusste, dass in Künstlerkreisen Liberti-

nage den Umgang bestimmte, dass man stolz war darauf;
dass junge Frauen, die Modell standen, bezahlt wurden,
dass die Bezahlung sich auf verschiedene Dinge beziehen
konnte.

Ihr Blick hatte sich losgerissen von den tastenden Händen
des Mannes, der ihr Lehrer sein würde, und den Raum

erkundet. An der hinteren Wand stand ein Diwan, ein Teppich darüber gebreitet, ein Tischchen, verstreutes Geschirr, Kerzenleuchter: verlorene Inseln von Wohnlichkeit inmitten des Staubs eines Arbeitsraums. Sie war noch einmal umgekehrt. Sie hatte die Tür laut hinter sich geschlossen und war mit entschiedenem Schritt auf das Podium zugegangen. Yvette und Isabel, die beiden jungen Frauen, hatten eine Konkurrentin in ihr gesehen. Was sollte sie anderes sein als ein Modell? »Ich bin Bildhauerin«, hatte Camille Claudel gesagt.

Innigkeit. Sie beide empfinden dieses Wort als das richtige. Wenn sie überhaupt in Worte zu fassen versuchen, was sie berührt. Monsieur Rodin nennt sie ihn weiterhin, auch wenn sie allein sind. Die offizielle Anrede ist zur neckenden Intimität geworden. »Mademoiselle Camille«, sagt er. Es beginnt als eine Liebe der Ebenbürtigkeit, der gegenseitigen Anerkennung, der Ergänzung, menschlich und in der Arbeit. Am Anfang und immer dann, wenn sie auf der Höhe ihrer Möglichkeiten sind, ist es eine Liebe, die im anderen die Inspiration sieht, eine Herausforderung, ein Kraftfeld. Rodin ist erstaunt über die hohe Professionalität seiner Schülerin, ihren sicheren Umgang mit dem Material, ihren Reichtum an Ideen. Wie sie das Ideal der Bildhauerkunst verwirklicht, das Leben einer Plastik von innen heraus zu erfassen, einem Ausdruck Form zu geben vermag, die aus der Mitte nach außen dringt. Wo sie noch so jung ist. Sie porträtieren sich gegenseitig.
Innigkeit, Leidenschaft, Wildheit: Camille Claudel geht in der Liebe wie in ihrer Kunst über die Grenzen. Keine Anpassung aus Angst vor Verlust, kein Beiseiteschieben

dessen, was weh tut. Kein Kompromiss. Sie zieht weg von zu Hause. Ihr Trotz, ihre Eigenständigkeit, ihr Bestehen darauf, als Frau wie als Künstlerin als Person mit eigenem Willen gesehen zu werden, bleibt bestehen. Sie ordnet sich Rodin nicht unter. Sie revoltiert gegen seinen Machtanspruch, den er sehr bald herauskehrt, den er ganz selbstverständlich ausübt, weil er der Ältere, der Arrivierte, der Mann ist. So sehr er ihre Unbeugsamkeit liebt, sie verstört ihn auch. Mit ihrer englischen Freundin Jessie Lipscomb reist sie im Sommer 1886 nach England, und er – in sehnsüchtigem Verlangen nach ihrer Gegenwart – fährt ihr nach. Er kann nicht arbeiten, wenn er sie nicht um sich hat. »Geben Sie acht, dass die kleine Pariserin sich nicht erkältet«, schreibt Rodin der englischen Freundin und bittet sie, ein gutes Wort für ihn einzulegen. Camille will ihn nämlich nicht sehen. Das Jahr 1886 ist das der ersten tiefen Krise. Es kommt dann doch zu einem kurzen Treffen, aber Camille bleibt spröde. Er fährt zurück nach Frankreich. Von ihr kommt ein versöhnlicher Brief: »Ich schreibe Ihnen noch, an welchem Tag ich aus England abreise. Von nun an und bis dahin arbeiten Sie bitte und sparen Sie sich alles Vergnügen auf für mich. Eine liebe Umarmung, Camille.«

Camille hat viele Gründe, dem Geliebten böse zu sein. Viel zu oft fließt ihre Arbeit in seine ein. Es ist schon dazu gekommen, dass er Arbeiten von ihr als die Seinigen ausgegeben hat. Er findet das ganz natürlich, schließlich arbeitet sie in seinem Atelier, unter seiner Obhut, im Schatten seiner mächtigen Krone. Es kommt hinzu, dass sie Treue von ihm erwartet, Treue als selbstverständlichen Tribut an die Qualität ihrer Liebe. Rodin zieht es vor, die verschiedenen Begegnungen zwischen Menschen in keinen Vergleich zu setzen, eine neben der anderen bestehen zu lassen. Für ihn taugt Treue nicht als Liebesbeweis. Und umgekehrt: Wer treu ist, dessen Liebe muss deshalb nicht wahrhaftiger sein.

Giftigster Stachel im Fleisch ist für Camille Rodins fortbestehende Beziehung zu Rose Beuret. Es kommt zu hässlichen Szenen. Rose lauert den beiden auf und beschimpft Camille mit den unflätigsten Worten. Um die Freundin zu beschwichtigen, als Geliebte wie als Künstlerin, setzt Monsieur Rodin im Herbst nach der Englandreise einen Vertrag auf: »Ab heute, den 12. Oktober 1886, werde ich als einzige Schülerin Mlle Camille Claudel behalten und künftig nur sie mit allen Mitteln unterstützen. Nach der Ausstellung im Mai werden wir nach Italien fahren und dort mindestens sechs Monate bleiben, der Beginn einer unauflöslichen Beziehung, nach welchem Mlle Camille meine Frau sein wird ... Während vier oder fünf Monaten, ab jetzt bis Mai werde ich mich mit keiner Frau einlassen, falls doch, sind dadurch die Bedingungen ungültig geworden. ... Ich werde mit keinem der weiblichen Modelle, die ich gekannt habe, Kontakt aufnehmen. Mlle Camille wird bis Mai in Paris bleiben. Mlle Camille verspricht, mich bis Mai viermal im Monat in ihrem Atelier zu empfangen. Rodin.«

Die Spannung zwischen ihnen bleibt – mal in Euphorie, mal in verzweifelter Anerkennung der Tatsache, dass das Trennende zunimmt, dass die Entwicklung, die sie beide durchmachen, sie voneinander weg treibt. Rodin mietet ein romantisches Schlösschen mit verwunschenem Park. Wenn sie sich hier verabreden, hat ihr Zusammensein etwas Geheimes, als träten sie für Stunden oder Tage aus dem Fluss der Zeit heraus. Zwischen 1887 und 1891 verbringen sie gemeinsame Wochen in der Touraine bei Azay-le-Rideau. Für Camille wird dieser Ort auch dann zur Zuflucht, wenn sie allein ist. Von hier aus schreibt sie dem Freund nach Paris: »... ich schlafe nackt und bilde mir ein, Du wärest hier, aber wenn ich aufwache, ist alles ganz anders ...« Im Verlauf der 90er Jahre – Rodin wird als der Michelangelo seiner Zeit gefeiert – wird ihr klar, dass er Rose Beuret niemals verlassen wird. Sie zeichnet böse Karikaturen, die den Geliebten in geradezu hündischer Abhängigkeit von seiner Frau darstellen. Eine Plastik von 1894 »Das reife Alter – oder Das Verhängnis« greift das gleiche Thema auf: Ein Mann zwischen zwei Frauen. Die Junge kniet mit flehend emporgehobenen Armen am Boden, die Ältere führt den Mann mit sich fort.

So sehr ihr Rodin zu vermitteln versucht, dass seine Liebe zu ihr und die Verantwortung für Rose sich nicht ausschließen – sie verweigert sich ihm immer öfter und zieht sich schließlich völlig von ihm zurück. »Meine grausame Freundin«, schreibt er ihr, »mein armer Kopf ist sehr krank, ich kann morgens nicht mehr aufstehen. Heute Abend bin ich stundenlang durch unsere Gegend gelaufen, ohne Dich zu finden ... Warum hast Du nicht im Atelier auf mich gewartet? Wohin gehst Du? Camille, meine trotz allem Geliebte ... Warum glaubst Du mir nicht? ... Ich versichere Dir, dass ich keine andere Frau habe, und dass meine ganze Seele Dir gehört. ...«

1900, sie hat keinen Kontakt mehr zu Rodin, zieht Camille Claudel in ein Appartement am Quai Bourbon. Es ist viel zu klein, um dort zu arbeiten. Aber für größere Räume fehlt ihr das Geld. Mit Besorgnis verfolgt ihr Bruder Paul, wie seine Schwester mit ihrer Kreativität immer mehr sich selbst verliert, wie sie sich in einen Verfolgungswahn hineinsteigert. Rodin wird zur Zielscheibe ihres Hasses. Paul ist Zeuge heftiger Entgleisungen, es kann passieren, dass seine Schwester völlig außer sich gerät. Er bedauert sie, er schämt sich ihrer, er weiß nicht, wie er ihr helfen soll. Camille verlässt ihre Wohnung nur noch nachts. Sie verwahrlost. Mit weiß geschminktem Gesicht geht sie wie ein Gespenst umher.

Im Frühjahr 1913 stirbt der Vater, der Einzige, der sie noch unterstützt und für sie gestritten hatte. Paul Claudel kommt zu einem schnellen Entschluss. Er lässt Camille in eine Nervenheilanstalt bringen. Einmal unternimmt Rodin den Versuch, sie zu besuchen. Aber man weist ihn ab. Im September 1914 wird die Patientin in eine Anstalt in Südfrankreich gebracht, weit weg von Paris. Die Unterbringung und Versorgung der Patienten ist höchst unzureichend. Camille muss erleben, dass eine Leidensgenossin in der Nacht erfriert. Immer wieder bittet sie ihre Mutter und ihre Geschwister, ihr zu helfen, sie fleht darum, wieder ein normales Leben führen zu dürfen. Aber obwohl die Ärzte sie gehen lassen würden, lehnt die Mutter es strikt ab, auf die Wünsche der Tochter einzugehen. Camille Claudel stirbt am 19. Oktober 1943 – dreißig Jahre ihres Lebens hat sie in der Anstalt verbracht. Rodin heiratet 1917 wenige Tage vor ihrem Tod seine Lebensgefährtin Rose Beuret. Er selbst stirbt am 18. November desselben Jahres.

»Sie sind ein kleiner süßer Mensch«

ADELE SANDROCK UND ARTHUR SCHNITZLER

Leichter Kopfschmerz, direkt hinter den Schläfen. Die Müdigkeit ist für den Moment überwunden, dafür macht sich milde Trägheit breit im ganzen Körper, jene sanfte Lähmung, die wohlig-weh in alle Glieder kriecht. Auf der Zunge das Durstgefühl, das der Alkohol hinterlässt. Der junge Mann mit dem dunklen Vollbart und den melancholischen Schatten um die Augen gießt sich ein Glas Wasser ein und tritt ans Fenster. Eben noch Glockengeläut von der Votivkirche her, jetzt absolute Stille. Es schneit noch immer, und die Flocken kommen ihm groß vor wie Taubeneier.

Tränen hat er schon vergossen in den ersten Stunden des neuen Jahres, »heiße wehe Tränen«, steht im Tagebuch. Sie gelten nicht der Frau, an deren Seite er die Silvesternacht verbracht hat. Arthur Schnitzler trauert um Mizi, um Marie Glümer, die ihm am Morgen noch geschrieben hat und deren Bild er in »der untersten Schreibtischlade« aufbewahrt. »Ich wollte mir aber das Gefühl suggerieren, wie ich das Bild wieder zurückgab in die unterste Lade, dass jetzt das Jahr 93 schließt mit all den Banalitäten, die es an mir verübt, mit seinen schweren Enttäuschungen und mit seinem schauerlichen Verluste.«

So beklagt er den Verlust, statt die neue Liebe zu feiern, wie es Adele Sandrock zur gleichen Stunde tut. Sie hat die Freunde verabschiedet – Mutter und Schwester, zur Jahreswende zu Besuch bei ihr, sind in ihre Zimmer gegangen. Adele hat den Salon gelüftet und sich dann ebenfalls ins Schlafgemach zurückgezogen. Dort liegt seit drei Wochen ein Hemd von Arthur, ein getragenes natürlich, das sie sich um die Schultern legt, wenn sie allein ist. So umschwebt sie sein Geruch, der Duft nach Rauch und Männerhaut, sein Eau de Cologne, die schwer zu definierende Mischung, die ihren Herzschlag beschleunigt wie sonst nur das Näherrücken einer Premiere.

Halb schon entkleidet, nippt sie am Champagnerglas, ein letzter Schluck für heute: Auf den Erfolg! Auf die Liebe! Auf eine Zukunft mit dem hoffnungsvollen jungen Mann. Noch einmal vergräbt sie ihr Gesicht im feinen Stoff seines Hemdes und fühlt, indem sie die Augen schließt, dass ihr schwindelig wird vor Müdigkeit und vor Liebe, vor lauter Liebe.

Im Herbst des Jahres 1893 lernen sie sich kennen, Doktor Arthur Schnitzler und Adele Sandrock, sie 30, er 31 Jahre alt. Das Deutsche Volkstheater in Wien ist Schauplatz der Begegnung. Eine professionelle Ebene für beide. Er ist junger Autor, dessen erstes Stück zur Aufführung gelangt, sie ist die Zugnummer des Hauses, eine Diva, die den Zenit ihres Ruhms ansteuert. *Das Märchen* heißt das Stück. Junge Männer unterhalten sich darin über ihr Liebesleben – der Autor hat seine eigenen Erfahrungen einfließen lassen. Im Zentrum steht eine junge Frau, die Schauspielerin Fanny, ideal besetzt mit der Schauspielerin Adele Sandrock.

Die Kollegin Bertha Hausner, die die Rolle eigentlich spielen soll, behauptet schlankweg, sie würde *Das Märchen* nicht verstehen. In Wirklichkeit hat sie Zweifel, ob das Publikum den neuen, naturalistischen Stil akzeptieren wird, und ein Risiko will sie nicht eingehen. Die Sandrock dagegen ist neugierig und experimentierfreudig. Ein neues Stück und ein neuer Stil interessieren sie, und spätestens als sie den Autor sieht, weiß sie, dass ihre Entscheidung richtig war. Die Proben dauern genau sechs Tage. Schnitzler sitzt mit am Regiepult. Es gefällt ihm auf Anhieb, wie Adele Sandrock spielt. Sie hat Feuer und Präzision, sie macht sich seinen Text zu eigen, wie er es nicht für möglich gehalten hätte. Die Rolle der Fanny scheint ihr auf den Leib geschrieben, obwohl der Autor diesen Leib noch gar nicht kannte, als er schrieb. Adele spielt mit Herzblut, was sie nicht daran hindert, zwischendurch dem Autor ihre besondere Aufmerksamkeit zu schenken. Gern lässt sie sich immer nach der Probe nach Hause begleiten.

Am 29. November findet er einen Zettel in seiner Manteltasche: »Sie sind ein kleiner süßer Mensch, das sagt Ihnen Fanny.« Schnitzler notiert im Tagebuch: »Geschmeichelte Eitelkeit.« Am Tag vor der Premiere schickt er der Hauptdarstellerin Chrysanthemen und ein Billett: »Womit ich mir erlaube, verehrtes Fräulein, Ihnen einen guten und wohlgelaunten Morgen zu wünschen. Ihr Arthur Schn.« Im Tagebuch vermerkt er kühl, dass sie ihn nach dem Zettel gefragt habe, den sie ihm in den Mantel geschoben hat.

»Berührte mich unangenehm«, schreibt der Empfänger, »nüchternes Gefühl den ganzen Tag. Keine Erregung. Empfindung, wie gleichgültig in höherem Sinn die Geschichte ist. Von Mizi kam ein wunderschöner Brief; hatte grad von ihr geträumt … den Abend verbrachte ich mit Jenny …«

Arthur Schnitzler hat in seinem ganzen Leben nur eine kontinuierliche Beziehung zu einer Frau: die zu seiner Mutter. Ansonsten diagnostiziert der junge Arzt an sich selbst »impertinente Sinnlichkeit«, führt detailliert Buch über seine Verführungserfolge, braucht immer neues Futter für den erotischen Hunger, schwankt zwischen dem schalen Gefühl der Übersättigung und wiedererwachender Gier. »Wenn ich eine Reihe von Tagen keusch war, 6–9 sind das Maximum, so bin ich einfach ein Thier …«

Er braucht Abwechslung, damit er den immer gleichen Verlauf einer Liebe besser erträgt: die emporlodernde Flamme, die Erfüllung, das allmähliche und unaufhaltsame Verlöschen. Dabei ist er nicht frei von Liebesweh, Melancholie umflort seinen Blick, wenn die jeweils neue Leidenschaft zu verglühen beginnt. Seine Mizi quält er mit Eifersuchtsattacken, sich selbst mit der Unfähigkeit, sich endgültig von ihr zu lösen. Immer wieder rühren ihre Briefe ihn zu Tränen.

Überhaupt nimmt das Reflektieren über die Liebe nahezu so viel Zeit und Energie in Anspruch wie die Liebe selbst. Bei der Lektüre der Schnitzler'schen Tagebücher hat man leicht den Eindruck, er leiste sich Gefühle immer im Hinblick darauf, sie hinterher beschreiben und analysieren zu können. Er schaut sich selbst beim Leben zu.

An Substanz und Feingefühl fehlt es ihm dabei keines-

wegs, eigentlich ist er viel zu sensibel, um eine Frau nur zu erobern und sie kurz danach fallenzulassen. Er sucht im Prinzip das Gespräch, den Austausch, die Möglichkeit zur gegenseitigen Bestätigung. Aber sein analytischer Blick ist zu scharf, als dass er sich lange einer Illusion hingeben könnte, und die heuchlerischen Moralbegriffe seiner Epoche kann er sich unmöglich zu eigen machen. Immer wieder kreisen seine Stücke um diesen Konflikt. In Adele Sandrock begegnet Arthur Schnitzler zum ersten Mal einer Frau, der er nicht von Anfang an überlegen ist, und eindeutig ist sie es, die ihn einlädt zum liebevollen Pas de deux.

Das Märchen fällt beim Publikum durch. Man ist hin- und hergerissen zwischen moralischer Entrüstung und der Lust auf einen Skandal. Nach dem letzten Akt kommt es zu Tumulten, der eiserne Vorhang muss herab. Die antisemitische Presse nutzt die Gelegenheit, dem schriftstellernden jüdischen Arzt Dilettantismus vorzuwerfen, immerhin hebt die Kritik die Kunst der Sandrock hervor: »Aus den leisesten Winkeln des Dichters holte sie die heimlichsten Nuancen und half, wo er zauderte, mit malender, ratender Geste.« Es gibt nur zwei Aufführungen, dann wird das Stück abgesetzt.

»Lieber Herr Doctor«, schreibt die Hauptdarstellerin dem Dichter, »gestatten Sie mir Ihnen dieses einsame Lorbeerblatt als Andenken zu senden, für dieses verhängnisvolle Märchen! Ich habe diese Fanny durch zwei Abende mit voller Begeisterung und Entzücken gespielt; Wenn ich sage ›verhängnisvoll‹ – so werden Sie mich verstehen. Ich kann Ihnen wohl sagen, daß es mir leid thut, gerade diese Rolle nicht öfter spielen zu können … werfen Sie mein lieber geehrter Doctor die Feder nicht bei seite, nein, ich bitte Sie, schreiben Sie eine neue Rolle für mich, denn Sie sind ein bedeutendes ein großes Talent …«

Sie macht noch einen Vorschlag, wie man das Stück ihrer Meinung nach retten könnte, durch einen veränderten Schluss nämlich, vor allem aber empfängt sie Schnitzler zum ersten Mal im Luxusboudoir ihrer 13-Zimmer-Wohnung, wo sie ihm zwischen Spiegeln, Gold und rotem Plüsch im Bett liegend von ihrer verflossenen Liebe zu Max Burckhard erzählt, dem Direktor des Burgtheaters.

In jähem Überschwang greift sie dann plötzlich nach seiner Hand, küsst sie und empört sich fast gleichzeitig darüber, wie ruhig er das hinnimmt. Es folgen weitere Küsse, hektisch und heiß und mit fliegendem Atem: Zwei grundverschiede Menschen geben hier der Schwerkraft nach, zwei, die sich immerhin darin ähnlich sind, dass in ihrem Begeh-

ren stets der Wille zu spüren ist, den anderen zu unterwerfen. Wenn einer sich hingibt, rächt er sich sofort, indem er den anderen zu demütigen trachtet und seiner Zärtlichkeit mit demonstrativer Distanz begegnet. So sind die Schauspielerin und der Dichter von Anfang an mindestens so sehr ein kämpfendes wie ein liebendes Paar.

Bevor es zur größtmöglichen physischen Nähe kommt, werden Briefe gewechselt, außerdem schickt die Schauspielerin ihrem Dichter Veilchenblüten, die sie auf der Bühne am Busen trägt. »... Meine Quellen des Glücks – des Lebens sind in mir erwacht«, schreibt die Sandrock, »ich danke Ihnen für diese Wendung in meinem Herzen. Ich lebe – ich bin erwacht – aus einem grausamen dumpfen trüben Traum – und ich jauchze, da ich das sonnige Licht des Tages erblicke. Ich finde Alles schön herrlich – Göttlich – ich beiße mir die Lippen zusammen wenn ich einen Namen ausspreche – ich schaud're zusammen bei dem Gedanken – ist das auch wirklich wahr – ? Ja – ich habe einen Gedanken und der ist mir Mannah in meiner Wüste … Ich sehe zwei kleine braune Gluren vor mir – und werde das Gefühl nicht los, daß sie eines Tages entschwinden könnten – vorläufig aber will ich diese Augen samt – Leib Seele Herz an mich drücken, als wäre es für die Ewigkeit und träumen von hellen sonnigen Tagen. – Ihre Dilly«.

Auf so viel Vehemenz antwortet er mit Raffinement – auch darin spiegelt sich gleich zu Anfang der Charakter ihrer eigenwilligen Beziehung:

»Und sollte ich überhaupt wagen, Ihren Brief zu verstehen – Sie müßten sich da in meinen Gedankengang hineindenken, der natürlich damit schließt: ›Ich, ich, ich – gerade ich?‹ – Immer sehe ich Ihre merkwürdigen, unergründlichen Augen vor mir, suche sie zu deuten. Mancherlei ist darin, ich hab's Ihnen schon gesagt. Ein bißchen Spott, ein bißchen Zärtlichkeit, und viel Freude am Spiel. – Ich meine die Freude an den Spielen, mit denen wir uns über den ewigen Betrug des ›ernsten Lebens‹ hinwegtäuschen; kunstvolles Spielen mit dem Dasein, dem lebendigen und dem Zufall. – Und wenn man in einem Frauenauge Zärtlichkeit entdeckt, weiß man je, wem sie eigentlich gilt – ja weiß sie es selbst? Manchmal hat sie nur halb unbewußte Erinnerung zu bedeuten, zuweilen nur Hoffnung oder Sehnsucht – und wer weiß, ob nicht der Ausruf: ›Ich habe gefunden‹ besser lauten sollte: ›Ich bin zu müde zu suchen!?‹ Im übrigen – was wären wir ohne diese süßen, lockenden Irrthümer? – Sollte es nicht unser einziges Ziel sein, Täuschungen zu glauben,

– statt immerwährend unangenehmen Wahrheiten nachzuspüren, an die wir schließlich auch nicht glauben würden?«

Ein Gedicht schließlich, das Schnitzler der Sandrock schickt und das er ein Jahr zuvor für Marie Glümer geschrieben hat, nimmt gleich alles vorweg:

> …
>
> Ich möchte Dich in Seligkeiten hüllen
> Darin Dich ungeahnter Schauer faßt.
> Ich möchte Dich mit tiefem Leid erfüllen
> Wie Du's von keinem noch erlitten hast.
>
> …
>
> Und wenn ich mich gemartert von Dir wende,
> Spielt um die Lippen Dir ein müder Zug,
> Der lächelt stumm: ich kenn ja auch das Ende,
> Wie's immer kommt, mit Ekel und Betrug.

Natürlich ist im Tagebuch vermerkt, wann sie die erste Nacht miteinander verbracht haben: am 6. Dezember. »Bist du wem untreu?«, hat sie gefragt, indem sie sich dichter an ihn schmiegte, »tröst dich, ich auch.« Ein Zitat, das später fast wörtlich in Schnitzlers berühmtem *Reigen* vorkommt, im Dialog zwischen Dichter und Schauspielerin. Und noch einen Satz aus dem Mund der Geliebten notiert Schnitzler unter dem entsprechenden Datum: »Bist du nicht stolz?« Postcoital hat sie das formuliert und ihn mit ihren unergründlichen Augen angefunkelt.

Die Korrespondenz, die sich an die Dezembernacht anschließt – emphatisch, ekstatisch und nicht ohne Komik, wenn sie schreibt, heiter-beschwingt, geistreich und zärtlich dagegen, wenn er die Feder führt –, spiegelt die heftig wechselnden Gefühle, die das Paar bewegten, die Affekte, die Sehnsucht, die Eifersucht, die Wut, die Lust.

»Mein herrlicher Arthur«, frohlockt Dilly am 10. Dezember, »Du süßes Menschenfleisch! Ich bin Dir verschlungen, fest und unauflöslich … ich liebe Dich mit einer Glut und Tiefe, die ich nie so kannte … in Dir finde ich meinen Lebensinhalt, den Gott, den ich verlor – sei gesegnet dafür, Du herrlicher Mensch … Glaube mir und hab mich lieb. Dein Diltsch.« »Wie ein Geier«, schreibt sie ein anderes Mal, »wird meine Liebe auf Dich einstürzen.« »Kind«, nennt sie ihn, »Liebling, Silberfisch, Panther, mein Eisbär! Du stolzer süßer Mann, Du!« Aber sie bezichtigt ihn auch der Gemütsroheit, gern und oft, was sie nicht hindert, nachdrücklich ein Foto von ihm zu fordern.

Und während er im Tagebuch von wachsender Gleichgültigkeit schreibt – »Meinem Leben fehlt der Duft. Das Verhältnis mit D. ist so duftlos« –, sendet er ihr ironisch verbrämte Zärtlichkeiten: »Mein Diltsch, muß dir zwei Worte schreiben, weil ich heute den ganzen Tag so fürchterlich ohne dich bin, ohne den Blick deiner süßen Augen … ich bleibe jetzt noch bis acht zu Hause, dann gehe ich vielleicht ins Central – und werde plötzlich einen ganzen langen Tag hinter mir haben, ohne die leiseste Spur einer Dilly. Es ist aber ganz gut so, denn man kommt sonst zu gar keiner Idee, wie verschieden verschiedene Tage sein können. Was du heute gemacht hast, wirst du mir wohl morgen oder übermorgen oder wann wir uns halt gelegentlich wieder einmal sehen, erzählen? Wer dir sein Leben und seine Liebe zu Füßen gelegt? Ob du mich für sehr gemütsroh hältst? … Also sag, kommst du dir jetzt sehr großartig vor, weil du heute so gar nichts hast von dir hören lassen? ... Leb wohl, und führe bis zu unserem Wiedersehen ein Leben, in welchem die Treue sechsmal unterstrichen ist. – Adieu, du Schatz! – Küsse, Küsse, Küsse – Arth.«

Eine Zeitlang sehen sie sich beinahe täglich – wobei beide die Glut der anderen Eisen, die sie noch im Feuer haben, nicht völlig erkalten lassen. Stärker als er auf sie setzt sie dabei auf ihn – und will lange nicht wahrhaben, dass er im Ton zwar meistens mild bleibt, sich ihrer despotischen Liebe aber nicht beugen mag und sich ihrer Absicht, ihn auf Dauer zu fesseln, geschickt entzieht.

Heftige Auftritte und dramatische Szenen sind dennoch für beide wichtig. Bereits in der zweiten gemeinsamen Nacht weiß Dilly dem Geliebten zu entlocken, dass eine gewisse Mizi sein Herz mit Sehnsucht erfüllt, und ganz zufällig hat er ihre Briefe sogar dabei und trägt Dilly daraus vor. Ewiger Streitpunkt zwischen ihnen ist auch seine Angewohnheit, mitten in der Nacht heimzugehen, nie den Morgen abzuwarten in ihren Armen, was sie als fortgesetzte Kränkung empfindet. Er schreibt einen Einakter zu diesem Thema – *Halb zwei* –, die Dialoge sind der Wirklichkeit entnommen. Überhaupt kommt er so richtig ans Schreiben während der kurzen Zeit ihrer wechselvollen Liebe. Zwei Jahre nach dem »Märchen« ist er Wiens erfolgreichster Dramatiker.

1894, im Frühjahr, das der Winterliebe folgt, vergrößert sich die Distanz zwischen Dichter und Schauspielerin. »Bei Dilly abends«, steht im Tagebuch, »sterb vor Langeweile ... Freude auf den Tag, wo ich sie nicht sehe.« Schnitzler vermisst – wenn schon nicht den romantischen Gleichklang der Seelen – so doch den Austausch über Autoren und literarische Stoffe, die ihn bewegen. Maupassant, Hofmannsthal, ihr von ihm ans Herz gelegt, bleiben unbeachtet, und auch sonst sind die diffizilen, vielschichtigen und feingesponnenen Dichtungen ihre Sache nicht. Ihn kränkt das nicht wenig, und er sieht sich in seiner Skepsis bestätigt.

Im Tagebuch beklagt er sich über »gedankenlose Gewohnheitsküsse«, und sie macht es rasend, wie er mit lässigem Schulterzucken dem Verblassen ihrer Leidenschaft zusieht.

Im Sommer sieht sich Arthur Schnitzler von einer neuen Liebe gefangen: Marie Reinhard, »Mizi II« nennt er sie im Tagebuch. Ein Mädchen von Anstand. Sie besteht darauf, dass er sich von der Sandrock trenne, bevor sie sich ernsthaft auf ihn einlässt.

Die Schauspielerin und der Dichter kehren dahin zurück, wo sie angefangen haben: Er schreibt ein Stück mit einer grandiosen Rolle, die auf sie zugeschnitten ist, und sie – nach anfänglichem Sträuben – spielt die Christine in *Liebelei* so anrührend und hinreißend gut, dass niemand daran zweifelt: Zwar steht das Stück für sich, aber allein ihr Können verhilft ihm zum durchschlagenden, überragenden Erfolg. Keine Aufführung, die nicht ausverkauft wäre. Für Arthur Schnitzler der Durchbruch als Autor.

Trotz aller Triumphe, für Adele ist die Trennung von ihrem herrlichen Arthur ein Schock, schon allein deshalb, weil er sie verlässt und nicht sie ihn. So etwas haben andere Liebhaber nicht gewagt. Völlig aus den Augen verlieren sie sich nie, über Jahre und Jahrzehnte nicht. Und als sie 1931, ein halbes Jahr vor seinem Tod – Adele Sandrock spielt in Berlin Oscar Wildes *Bunbury* – von seiner

Anwesenheit erfährt, kommt sie atemlos während der Pause auf die Bühne und späht durch einen Spalt im Vorhang in den Zuschauerraum. Hastig eilt ihr Blick durch die Reihen, sie muss ihn finden, bevor die Pause zu Ende ist. Und dann findet sie ihn. »Gott!«, seufzt Adele Sandrock, selbst inzwischen Ende Sechzig, »ist der Mensch alt geworden.«

Im Alter hat Dilly nach längerer Durststrecke noch mal Karriere als Filmkomikerin gemacht, mit grollendem Bass und strengem Gebaren. Sie ist so populär, dass die braunen Machthaber sie an ihre Tafel laden. Das Tischgespräch dreht sich um die »rassisch verdächtige Unterwanderung« des Burgtheaters. Adele Sandrock wendet sich direkt an den Reichskanzler, und noch am anderen Ende des Raumes spürt der Kellner das Timbre ihrer Stimme wie fernes Donnergrollen. »Ich möchte davon nichts hören«, sagt sie, »aber falls es Sie interessiert und unter uns: Meine besten Liebhaber waren immer Juden.«

»Das Geheimnis menschlicher Beziehungen«, schreibt Arthur Schnitzler, »liegt in etwas Tieferem als den Eigenschaften des Menschen; denn die Eigenschaften können einander abstoßen – und die Beziehung findet doch statt. Es liegt sogar tiefer als in der Persönlichkeit; denn es können sich sogar die Persönlichkeiten gegenseitig ablehnen, und die Beziehung bleibt bestehen. Das Geheimnis liegt einzig im Eros (nicht im Erotischen), der daher als der oberste und weiteste Begriff zu gelten hat.«

»Mit ganzem Körper umarme ich deinen kleinen Finger«

WLADIMIR MAJAKOWSKIJ UND LILJA BRIK

»Als ich Brik sagte, daß Majakowskij und ich uns lieben, beschlossen wir alle, niemals auseinanderzugehen. Majakowskij und Brik waren damals schon eng befreundet, einander durch verwandte Prinzipien und die gemeinsame literarische Arbeit verbunden. So kam es, daß wir unser Leben sowohl geistig als auch zum großen Teil räumlich zusammenlebten.«

Hier spricht die Stimme der Vernunft. Erstaunlich beim Thema Liebe. Allerdings schreibt Lilja Brik, die Frau mit den zwei Männern, aus dem abgeklärten Abstand vieler Jahre über diese Phase ihres Lebens. Und im Vorwort ihrer Erinnerungen – betroffen womöglich vom allgemeinen Schockiertsein – hebt sie hervor, dass von einer »ménage à trois« keine Rede sein könne: »Um Mißverständnissen vorzubeugen, sei noch erwähnt, daß ich, als Majakowskij und ich zusammenfanden, schon mehr als ein Jahr nicht mehr Ossip Briks Frau war ...« Der Ehemann, als sie ihre Liebe zum Dichter der Revolution gesteht, kann von ihr einfach nicht lassen. Außerdem steht

145

er, der sein Leben der Literatur verschrieben hat, dem Dichter gerade so nah wie sie. Beide wollen sie ihm helfen, sein Talent zu entfalten, und ihm zugleich ein Zuhause geben. Und wozu soll die Revolution schließlich gut sein, wenn sie nicht auch Konsequenzen hat fürs private Leben?

Für den 22jährigen Majakowskij ist Lilja Brik wohl die erste Frau, die »den Motor des Herzens« in Gang setzt. Sie dagegen, zwei Jahre älter als er, ist schon mit 13 Jahren tief beeindruckt von einem Mann: Ossip Brik war Lehrer an dem Gymnasium, das sie besuchte. 1912, da ist sie 21, wird Hochzeit gefeiert.

Auf einer Jubiläumsfeier in Moskau, wo Lobreden in höchsten Tönen gehalten werden, erleben Ossip und Lilja zum ersten Mal gemeinsam den Mann, der wenig später ihren Bund komplettieren wird. Auch er hält eine Rede, spricht den Jubilar »im Namen Ihrer Feinde« an und erwähnt beiläufig und beziehungsvoll, dass es für die Stufen früher vielleicht schön gewesen sei, »unter den Schritten zu beben«, heutzutage aber sei der Aufzug vorzuziehen. Respektlosigkeiten imponieren ihr, und dass er seine Frechheiten »mit Pfiff«, wie sie schreibt, vorzubringen versteht, macht ihr Spaß.

Im Sommer 1915 dann ein erster Blick aus unmittelbarer Nähe. Lilja ist zusammen mit ihrer jüngeren Schwester Elsa – und ohne Ehemann – zur Datscha ihrer Eltern hinausgefahren. Die Luft ist weich und auch am Abend so warm, dass man noch lange im ärmellosen Kleid draußen sein kann.

Lilja und Elsa sitzen mit einem Nachbarn auf der Bank vor dem Haus und plaudern. Es wird langsam dunkel, und statt der Schwalben flitzen die ersten Fledermäuse umher. Plötzlich eine gedämpfte tiefe Stimme und das Glimmen einer Zigarette. »Eli? Sind Sie's? Kommen Sie ein Stück mit?«

Elsa springt auf, und schon sind sie und der Mann mit der tiefen Stimme im Wald verschwunden. Lilja bleibt mit dem Nachbarn zurück, und die beiden haben gerade den Gesprächsfaden wieder aufgenommen, als sich ein Wind auftut und es schließlich zu regnen beginnt. Ein leiser Sommerregen, der die Blätter zum Flüstern bringt. Hoffentlich kommt Elsa bald zurück, denkt Lilja. Der Vater ist sterbenskrank, und sie will nicht zu den Eltern ins Haus gehen, bevor die Schwester wieder da ist. So gut es geht, schützt sie sich mit einer Decke vor dem Regen und starrt ins Dunkel hinaus. Womöglich bemerken die beiden Spaziergänger unter dem Blätterdach des Waldes den Regen nicht einmal.

Lilja erinnert sich, dass die Mutter auf den breitschultrigen georgischen Förstersohn ohnehin nicht gut zu sprechen ist: Immer wieder taucht er auf und bleibt die halbe Nacht bei der kleinen Elsa sitzen. »Wirft man ihn zur Tür hinaus«, sagt die, »kommt er zum Fenster wieder hinein.«

Endlich ein Kichern in der Dunkelheit und Schritte auf nassem Gras, die man erst hört, als sie ganz nahe sind. Inzwischen ist Lilja völlig durchnässt und schimpft mit der kleinen Schwester. Majakowskijs weißes Oberhemd leuchtet in der Dunkelheit. Elsa hat sich seine Jacke umgelegt. »Bitte, Wladimir Wladimirowitsch«, sagt sie lachend zu ihrem Begleiter, »was habe ich Ihnen gesagt?« Der Mann im weißen Hemd schweigt und zündet sich an der Kippe eine neue Zigarette an, nimmt ihr seine Jacke von den Schultern, schlägt den Kragen hoch und verschwindet in der Nacht. Lilja ist wütend auf den Regen und die Dunkelheit, denn sie hätte ihn gern ein bisschen genauer gesehen. Ein Hüne ist er jedenfalls, mit einer samtig-sanften Bassstimme. Eine Stimme, die ihr durch und durch geht.

Es ist noch immer Sommer – Sommer 1915, der Erste Weltkrieg tobt –, als Lilja Gelegenheit hat, der Samtstimme ausführlich zu lauschen und dabei ganz genau zu sehen, wer da spricht. Sie und ihr Mann wohnen in Petrograd zu dieser Zeit, in einer sehr kleinen Wohnung, und als eines Tages Wladimir Majakowskijs riesige Gestalt im Türrahmen erscheint – schön und braungebrannt ist er, wie sie sich erinnert –, lächelt sie amüsiert in sich hinein. Zugeben kann sie ihre Sympathie noch nicht, denn der unerwartete Besucher prahlt in peinlicher Direktheit mit seinen Fähigkeiten. Bessere Gedichte als seine, sagt er mit breitem Grinsen und blickt ihr direkt in die Augen, damit ihm die Wirkung seiner Worte nicht entgeht, bessere Gedichte als seine gebe es nicht auf der ganzen weiten Welt. Lilja erbittet eine Kostprobe. Er legt ein Gedicht auf den Tisch. Sie trägt es vor. Er ist erstaunt, dass sie sich nicht ein einziges Mal verhaspelt, und als sie fertig ist, fragt er vorsichtig und ohne seinen Blick von ihr gelöst zu haben: »Gefällt es Ihnen nicht?« »Nicht besonders«, antwortet sie. Und da ist das Eis zwischen ihnen gebrochen.

Als er das nächste Mal kommt, hängt Ossip Brik die Tür zwischen zwei Zimmern aus, damit sich Majakowskij, während er vorliest, richtig ausagieren kann. Vom Grauen der Schlachten angewidert, hatte er sich als Kriegsfreiwilliger gemeldet, um am eigenen Leib zu erfahren, worum es eigentlich geht in diesem Krieg. Man hat ihn abgelehnt »wegen Unzuverlässigkeit«, und er lässt alle Empörung in seine Dichtung einfließen.

Sein Poem *Wolke in Hosen* trägt er an diesem Abend vor. Mit leiser, intensiver Stimme fängt er an. Und dann: ein Naturereignis. Ein Wetterleuchten. Er klagt, schreibt Lilja später, rast, wütet, spottet, fordert, eifert. Seine Zuhörer – außer Lilja ihr Mann und ihre Schwester Elsa – stehen wie gebannt. »Die gesamte Dichtkunst«, schwärmt Lilja, »schien nichtsnutzig, Ton und Thema waren falsch. Und mit einem Mal stimmte alles: Thema und Intonation …«

Der Dichter genießt die Verblüffung seiner Zuhörer. Als er fertig ist, setzt er sich an den Tisch, streckt die Beine von sich und verlangt in lässigem Ton ein Glas Tee. Noch immer sind aller Augen auf ihn gerichtet. Ossip Brik fasst sich zuerst, schiebt mit dem Mittelfinger seine Brille zurecht und räuspert sich. In der ganzen gegenwärtigen Poesie, sagt er leise, kenne er nichts Besseres. Und selbst wenn er nichts anderes mehr schreiben sollte, sei Majakowskij ein großer Dichter. Lilja notiert in ihren Erinnerungen, dass man schon gar nichts mehr habe lesen wollen, weil alles nur noch langweilig und läppisch erschien. »… aber hier war alles beisammen: richtig, das Richtige, der Richtige …«

Majakowskij strahlt über seinem Tee, schlägt das Heft mit dem Poem noch mal auf und sagt zu Lilja: »Darf ich es Ihnen widmen?« Und dann schreibt er noch über die Überschrift: »Für Lilja Jurjewna Brik«. Ein Verlag allerdings findet sich nicht für die flammende Dichtung, und so gibt Ossip Brik die *Wolke* heraus, in einer aufs äußerste vereinfachten Ausstattung, denn viel Geld hat er nicht. Von nun an ist der Dreierbund besiegelt. Lilja Brik wird zu Majakowskijs engster Vertrauten, und alles, was er schreibt, liest er zuerst ihr vor und dann seinem Freund und ihrem Ehemann Ossip.

Ein Foto von 1929 zeigt sie alle drei: Lilja in der Mitte, lachend, links Ossip mit spiegelnden Brillengläsern. Ein gebildeter Mann mit gutem Urteilsvermögen, eloquent, freundlich, einem Oberlippenbärtchen und einem feinen, schön geschwungenen Mund. »Er hatte so viel gelesen«, schreibt einer seiner Freunde, »daß man glaubte, er hätte alles gelesen.« Rechts im Bild Wladimir, Inbegriff der russischen Seele: kräftig wie ein Bär, dabei sehr verletzlich, leicht zu Tränen gerührt und überaus zärtlich, wie Lilja berichtet. Er streitet gern und leidenschaftlich, wird dann auch laut, kann lachen, dass die Fliegen von den Wänden fallen, und traurig sein zum Steinerweichen. Nie wagt er es, sich mit jemandem zu schlagen. Dazu ist er zu stark: Er fürchtet immer, er könnte seinen Gegner versehentlich umbringen.

Viele Gedichte weiß er auswendig, die Klassiker sowieso, aber auch die Werke von Zeitgenossen. Die Poesie hilft ihm, seine Stimmungen auszudrücken, aber es kommt auch vor, dass er stundenlang schweigt. Eines seiner schönsten Gedichte für Lilja schreibt er 1922:

> »Die Irdischen lockt der irdische Schoß.
> Wir kehren zurück zum endlichen Ziel.
> So ziehts mich
> zu dir
> unentwegt,

…
Ich schwöre –
ich liebe
beständig und treu!«

So viele Frauen auch sonst noch seinen Weg kreuzen, sie
bleibt die Königin und weiß ihrerseits das Kontrastpro-
gramm Ossip/Wladimir zu schätzen. Dabei hat sie nichts
von einer Femme fatale. Madonnenhaft sieht sie aus mit
dem Mittelscheitel im leicht welligen, schimmernden
Haar. Ihr Blick ist sehr klar, und auch in reifen Jahren hat
sie noch immer etwas Mädchenhaftes. Kaum als »einfache Sterbliche« sei sie einem vorgekommen, und der Lite-
raturkritiker Viktor Schklowskij schreibt über sie, dass
ihre Augen genauso gewesen seien, wie Majakowskij sie
im *Oktoberpoem* beschreibt:

>Zwei tiefbraune
heiße
glühende Kreise.«

Eine schöne Frau mit widersprüchlichen Eigenschaften:
»leicht, dabei traurig, fraulich, kapriziös, stolz, eitel, un-
stet, verliebt, klug … So hat Shakespeare die Frauen beschrieben …«
Rührende, innige und lustige Briefe schreibt er ihr von
seinen Vortragsreisen. Zum Beispiel im Januar 1922 aus
Moskau:
»Teures, teures Lililein,
Endlich habe ich Deinen Brief erhalten. Bin schrecklich
überglücklich! Du kannst Dir nicht vorstellen, wie sehr
ich mich über Deine Briefe freue! Laufe feierlich umher und schicke alle Bekannten zum Teufel. Ich lebe so:
1. langweile, langweile und langweile mich ohne Dich;
2. schreibe, erst jetzt habe ich damit ernst gemacht, gleich
gehts besser; 3. spiele; … Am 8. trete ich im Polytechni-
schen auf – ›Abend meiner Satire‹ … Bist ein wunderbarer Mensch, Mieze. Ich liebe nur Dich. Bin Dein Warten-
der. Ich küsse, küsse, küsse

Dein Kläff
Wie geht es Dir? Weiß nichts von Dir!«
Oder im Jahr darauf als Abschiedsgruß:
»Mit ganzem Körper umarme ich Deinen kleinen Fin-
ger …«
Neben der Unterschrift immer das Porträt eines Hundes
mit großem Kopf und großen Pfoten, darin, wie dieser
selbst befindet, dem Verfasser ähnlich. Eine Zeitlang gehört ein solcher Hund tatsächlich zum Dreierbund dazu:

Während eines Spaziergangs haben sie ihn von der Straße aufgelesen, gewaschen, gefüttert und viel Freude mit ihm gehabt. Geschlafen hat er stets am Fußende von Majakowskijs Bett.

>>Wir lebten zu viert
      in einem Raum,
neun Quadratmeter
      rund –
Lilja,
    Ossja,
     ich
und Kläffchen
      unser Hund.<<

Ob in Petrograd oder zuletzt in Moskau, Majakowskij liebt den jungen Tag: Morgens fühlt er sich frisch und ausgeruht. Wenn er weiß, dass Ossip nicht mehr schläft, sondern im Bett liegt und liest, holt er ihn heraus, lockt mit dem Frühstück, bringt den Samowar zum Sieden, und sobald Ossip vor ihm steht, nimmt Wolodja das Gesicht des Freundes zwischen seine Pranken und setzt ihm einen Kuss auf die Glatze.

Einmal ist Lilja dem Dichter gram, vereinbart gar eine befristete Zeit der Trennung, und Wolodja schreibt, dass es ihm das Herz versengt:

>>Lilichen,
ich sehe, Du bist hart entschlossen. Ich weiß, daß Dir meine Aufsässigkeit weh tut. Doch was mir heute passiert ist, Lilik, ist zu schrecklich, als daß ich mich nicht an den letzten Strohhalm, diesen Brief, klammern könnte.

So schwer war mir noch nie – vielleicht bin ich wirklich zu sehr ins Kraut geschossen. Früher, von Dir vertrieben, glaubte ich an ein Wiedersehen. Jetzt fühle ich, daß ich gänzlich vom Leben getrennt bin, daß es für mich nichts mehr und niemals mehr geben wird. Ohne Dich ist kein Leben … Selbst wenn Du nicht einmal antwortest – Du bist mein einziger Gedanke. So wie ich Dich vor sieben Jahren geliebt habe, so liebe ich Dich in dieser Sekunde …«

Ähnlich wie der Wunsch nach der allmächtigen Liebe, schreibt Karl Dedecius, der Majakowskijs Liebesbriefe übersetzt und herausgegeben hat, habe er vom ersten Gedicht an auch »die Last des Todes« mit sich herumgetragen. »In dem neurotischen Vokabular seiner Beschwörungen und Drohungen war der Gedanke an den Freitod aus Wut, Enttäuschung, aus Eifersucht, aus Protest, aus Liebe hinter ihm her …« Liljas Liebe nämlich, und das wird ihm nicht verborgen geblieben sein, hat einen geheimnisvollen doppelten Boden. So wird der Dichter immer wieder daran erinnert, dass sie ihn ganz anders liebt als er sie. In ihr Tagebuch schreibt sie: »Ossja habe ich geliebt, liebe ich und werde ich lieben – mehr als einen Bruder, mehr als einen Ehemann, mehr als einen Sohn. Von solcher Liebe habe ich noch nirgends gelesen. Diese Liebe war meiner Liebe zu Wolodja nicht hinderlich. Ich mußte Wolodja einfach lieben, weil Ossja ihn so liebte. Er sagte, Wolodja sei für ihn kein Mensch, sondern ein Ereignis.« Eigentlich sei es vor allem seine Lyrik gewesen, sagt sie in einem Interview, der sie »nicht im geringsten« habe widerstehen können. Und weiter, aus dem Abstand vieler Jahre, nachdem ihr Mann Ossip Brik 1945 an einem

Herzinfarkt gestorben war: »… als Ossja starb, bin ich gestorben …«

Ossip wiederum soll seine Frau weit weniger hingebungsvoll geliebt haben als sie ihn. 1925, fünf Jahre vor Majakowskijs Selbstmord, beschließen sie beide, Lilja und Wolodja, ihrem Verhältnis rein freundschaflichen Charakter zu geben und das offenbar doch konfliktträchtige Reich der Erotik hinter sich zu lassen. Wie auch immer die zarten Schattierungen dieser Liebe zu dritt beschaffen gewesen sein mögen: Die Sorgfalt, das liebevolle Verständnis, das die drei füreinander hegen, ist die beherrschende Kraft ihres Zusammenseins und trägt immerhin 15 Jahre lang, bis zu Wladimirs Tod – trotz aller Anwandlungen von Eifersucht und Bitterkeit.

Als Majakowskij sich im April 1930 erschießt, sind Lilja und Ossip verreist, er fühlt sich einsam und wie so oft depressiv. Schon in seinem Poem »Wirbelsäulenflöte« von 1915 spricht er an, was er dann tatsächlich tun wird. »Mein gedichte-schwangeres Hirngehäuse« steht da im ersten Vers und dann:

> »Immer öfter denk ich –
> ob's nicht besser wär,
> einen Kugel-Punkt an sein Ende zu böllern.
> Also geb ich heute
> ein Abschiedskonzert
> für alle Fälle.«

Sein Abschiedsbrief ist noch einmal ein deutliches Bekenntnis zu der Frau, die wie kein Mensch sonst Zentrum seines Lebens gewesen ist. Eine letzte unglückliche

Liebe zu der Schauspielerin Veronika Polonskaja, die er ebenfalls erwähnt, mag der Auslöser für seine Tat gewesen sein:

»An alle … Ich sterbe, macht niemand dafür verantwortlich, und bitte kein Gerede. Der Verstorbene haßt das. Mutter, Schwester und Genossen, verzeiht – es ist keine Art (ich empfehle es niemand), doch ich sehe keinen Ausweg. Lilja – liebe mich. Genosse Regierung – meine Familie, das ist Lilja Brik, meine Mutter, meine Schwestern, und Veronika Vitoldowna Polonskaja. Solltest du ihnen ein erträgliches Leben einrichten – danke. Die unvollendeten Gedichte übergebe man den Briks, sie werden damit fertig. Wie man so sagt: der Fall ist jetzt erledigt, das Boot der Liebe ist am Sein zerschellt. Ich bin mit dem Leben quitt, es ist nicht nötig, daß man sich Not und Qual entgegenhält. Den Hinterbliebenen Glück. Wladimir Majakowskij.«

Lilja bleibt über die Schwelle des Todes hinweg mit ihm verbunden und schreibt in ihr Tagebuch: »Ich liebe ihn. Jeden Tag spricht er in seinen Gedichten zu mir.«

»Das ganze Haus lauscht auf deinen leichten Schritt«

ERICH MARIA REMARQUE UND PAULETTE GODDARD

Im Tessin kann es Wolkenbrüche geben, die in wenigen Sekunden halbe Ortschaften wegreißen. Bäche treten über die Ufer und Gewitter erinnern in ihrer Dramatik an Hollywoodfilme oder den Zorn der Götter – es hängt einfach davon ab, ob man den Stürmen ausgesetzt ist oder das Zucken der Blitze gemütlich vom Fenster aus beobachten kann.

Im Sommer 1951 macht sich die Schauspielerin Paulette Goddard aus New York in die Schweiz auf. Sie will den Mann ihres Herzens nicht allzulange aus den Augen lassen. Flüchtig kennt man sich bereits seit Jahren. Im Frühling ist die Beziehung in eine heiße Phase getreten, und im August findet die Amerikanerin am Alpenrand genau das Wetter vor, das in seiner Heftigkeit ihren Gefühlen entspricht: »... Sturm, Regen, Überschwemmungen«, schreibt der Mann, den sie besuchen kommt, in sein Tagebuch. Er ist ihr entgegengeeilt, um sie abzuholen. »Bellinzona: kein Zug. Brücke bei Biasca gebrochen, Autostraße unter Wasser. Warten. Straße nach Locarno unterbrochen … Schließlich ergebnislos zurück, über überflutete Tessinbrücke. Anruf, daß Paulette doch durchgekommen sei; sie kam um 8 Uhr abends an. Hatte – mit Juwelenkoffer, Makeup-Koffer und mit einer Magnumflasche Champagner – als einzige den Weg gemacht: Auf Postautos, watend bis zum Bauch durch Wasser, mit Straßenarbeitern, Kilometer über durchflutete Schienen, ihren Weg gemacht. Wodka, Kaviar. Strahlen. Keine Erklärung …«

So ist sie. Sie macht ihren Weg. Paulette Goddard, geboren als Marion Goddard Levy, hat sich früh daran gewöhnen müssen, ihr Leben selbst zu lenken. Häufiges Unterwegssein gehört dazu, ein Gefühl dafür, zur rechten Zeit am rechten Ort zu sein und die gebotenen Chancen zu sehen und zu nutzen. Ihre erste Ehe geht sie ein, da ist sie noch minderjährig, und ihr Mann ist doppelt so alt wie sie. Nie hat sie aufgehört, in den Männern, die sie begehrt, einen Vater zu suchen, weil der eigene sie und ihre Mutter verlassen hat, als Paulette noch ein Kind war.

Als sie den Schriftsteller aus Osnabrück mit dem klangvollen Namen Erich Maria Remarque zum ersten Mal sieht, wird er ihr kaum aufgefallen sein, so wenig wie sie ihm. Remarque, der mit dem Roman »Im Westen nichts Neues« einen Welterfolg gelandet hatte und in der Nazizeit nach Amerika emigriert war, gehört zu Beginn der 40er Jahre im weitesten Sinn noch zum Hofstaat von Marlene Dietrich. In New York trifft man sich in Ciro's Bar oder auf privaten Partys: Dolores del Rio und Orson Welles, Spencer Tracy, Noël Coward, Max Reinhardt, Greta Garbo, Elisabeth Bergner, Charlie Chaplin und seine Frau

Paulette. Remarque vermerkt die Namen nebenbei in seinem Tagebuch.

Im Dezember 1941 – wieder ein Fest – sieht er sich die Frau – um deren Ehe mit Chaplin es nicht zum Besten bestellt ist, wie man weiß – ein bisschen genauer an. »Paulette Goddard«, steht diesmal knapp, aber vieldeutig im Tagebuch, »braun, Rumba tanzend. Vollmond.« Rumba ist der Tanz der Saison, und weil seine Freundin Marlene, von ihm »das Puma« genannt, wieder einmal ausufernd mit anderen Männern flirtet, nutzt er die Gelegenheit, den Hüftschwung einer anderen Frau zu studieren. Bei Paulette verweilen Männerblicke gern ein bisschen länger, denn sie fällt auch im Kreis der ausgesucht Schönen und Reichen noch auf: ihre Anmut, ihre fabelhafte Figur. Und die Quelle von so viel Attraktivität – auch das höchst ungewöhnlich – ist ihre Natürlichkeit. Sie trägt keine Maske vor sich her, sie ist klug und vital, energisch und lustig. Ihr beim Tanzen zuzusehen, ist ein Genuss.

Nur hat Erich Maria Remarque leider weder Kopf noch Herz so richtig frei. Zum einen belasten ihn die Nachrichten aus Europa, wo der Krieg immer verheerendere Ausmaße annimmt, zum anderen die zunehmenden Streitigkeiten mit seinem Puma. Quer über die Tagebuchaufzeichnungen aus dieser Zeit hat er später folgenden Satz geschrieben: »Hier hättest du Trottel irgendwann der Ziege den Hintern vollhauen und selber abhauen sollen ...« Aber es haut sich nicht so schnell ab, wenn man von einer Frau besessen ist, wie er es war.

Zehn Jahre später, im April 1951 – Remarque lebt abwechselnd im Tessin und in Amerika –, kommt endlich der Zufall zu Hilfe. Wieder einmal ist der Schriftsteller vernarrt in eine Frau, quält sich und sie, und es will sich keine Lösung abzeichnen, über Jahre nicht. Da begegnet ihm auf der Fifth Avenue Paulette Goddard. Zum Glück für alle Beteiligten reagiert er richtig. »Er lud mich für Freitagabend zum Dinner ein«, berichtet sie, »ich musste seinetwegen eine andere Verabredung absagen, aber danach sind wir ständig essen gegangen ...«

Beharrlich, mit Charme und Verstand, überzeugt sie ihn dann von sich, bringt ihn auf andere, konstruktive Gedanken, reißt ihn aus seiner Melancholie. Er betrachtet ihre Umgarnungsversuche nicht ohne Ironie, überlässt sich aber offenbar gern einem Gefühl, das einmal nicht auf innere Zerrissenheit hinauszulaufen droht oder darauf, von anderen etwas zu verlangen, das die nicht geben können.

Es fügt sich außerdem, dass er mit seinem Roman »Der Funke Leben« allmählich zum Ende kommt. Für Remarque, dem das Schreiben immer bittere Mühen bereitet, ein Anlass zum Aufatmen. Sein Tagebuch kommentiert in lapidarer Kürze die Stationen, die Paulette und er im Lauf des Sommers auf dem Weg zueinander zurücklegen:

»Sie hatte nur ein Halsband aus dem Safe geholt ...«, schreibt er nach dem ersten Rendezvous und spielt damit auf die allgemein bekannte Leidenschaft der Schauspielerin für Gold und Edelsteine an. »Paulette in schwarzem Sweater, enormem weißen Tüllrock, für 100 000 Dollar Diamanten um den Hals ...«, heißt es ein paar Tage später, und weiter: »Leise legt sich mir da eine Schlinge um den Hals ... Ich würde gern allein gehen, sein, bleiben ...«

Aber dann gibt es neue Berührungspunkte mit den ehemals leidenschaftlich geliebten Problem-Frauen Natasha Paley Wilson und dem Puma Marlene Dietrich, und wenn die alten Wunden zu schmerzen beginnen, scheint Remarque Paulettes Anwesenheit zu genießen wie ein Frierender das heiße Bad:

»28. Mai. Abends Paulette, hier. Hatte Brot, Hummer, Blaubeeren, Butter gekauft. Paulette brachte Sprotten. Blieb. Bis gestern mittag. Frühstück. Brachte sie heim. Abends hier gegessen. Sie ging allein zurück. Gut. Klar, verständlich, kindlich, gerissen, gefährlich, einfach, da. Gute Gespräche. Schnell und zum Punkt. Hübsch in ihren vielen Kleidern. Strahlend am Morgen, mit umgebundenen Pyjamastücken. Marlene, sie beschimpfend ...«

»30. Mai. Paulette fauchend, lebendig, knirschend, lachend. Wehe, wer dir in die Hände fällt!«

Im Juni kommt es Paulette in den Sinn, nach Paris zu wollen, und ihn zieht es ebenfalls nach Europa zurück, in sein Haus in Porto Ronco am Lago Maggiore. Zum 53. Geburtstag schickt sie ihm Blumen dorthin und kündigt ihren Besuch an. Dass sie dann Sturm und Regengüsse derartig leichten Fußes überwindet, um bei ihm sein zu können, überzeugt ihn wohl endgültig.

»Paulette entzückend«, schreibt er, »frisch, lebendig, wandert durchs Haus, schwimmt, lacht, liegt herum, klar, fröhlich, zielbewußt und scheinbar ohne Komplexe. Wohltat. Rückt vieles zurecht. Auch Unbewußtes. Ist schön, läuft herum wie eine kluge Siebzehnjährige ...«

Zunehmend liebevoll ruht sein Blick auf ihr:

»Abende. Die Katze, schlafend auf Stuhl. Paulette am Boden davor, sie beobachtend, darüber selbst einschlafend.

Morgen, Nachmittage, Abende – in die Wärme. Arme, die hoch um den Nacken gehen. Die volle Hingabe eines anderen. Das, was mir unmöglich, immer eigentlich, war. Der Kopf über dem Wasser, beim Schwimmen, natürlich, stolz. Große Wärme eines direkten Menschen. Alles, was ich nicht habe ...«

Der Kummer der Vergangenheit scheint überwunden, zum Schatten geworden: »Wie wenig man schreibt, wenn man fühlt, daß man froh ist ...« Es wird dann doch wieder mehr mit dem Schreiben, und es geht ihm leichter von der Hand. Die 20 Jahre, die Remarque mit Paulette verbringt, sind seine produktivsten. Wohl auch deshalb allerdings, weil er ruhiger wird und weniger trinkt.

»Es rührt sich in mir, als ob das Leben von vor 15 Jahren (bevor ich meinen Leidenschaften erlag) in mir wieder auflebte. Wahrscheinlich kann es mir gar nicht klar sein, wieviel ich durch diese verloren und zerstört habe. Wenn man jedoch eine zweite Chance bekommt, kann noch nicht alles verloren sein.«

Für Paulette dagegen ist der deutsche Erfolgsautor sicherlich so etwas wie die letzte große Chance. Was nicht heißt, dass sie ihn nicht aufrichtigen Herzens liebt. Aber sie wäre nicht die, die sie ist, wenn sie praktische Erwägungen außer Acht ließe. Hier heißt es, zugreifen, das spürt sie sofort. Mit ihrer Karriere geht es bergab, da gibt es nichts zu deuteln. Ihre besten Zeiten, als sie mit Chaplin in »Modern Times« und »Der große Diktator« spielte, sind lange vorbei.

Ihre dritte Ehe ist inzwischen geschieden, und kurz nach Neujahr 1951 akzeptiert sie zum ersten Mal einen Werbevertrag, was sie früher immer abgelehnt hat. Sie lässt sich als Reklamegirl für Diätschokolade fotografieren. Über 40 ist sie außerdem, und obwohl ihr das kein Mensch ansieht, weiß sie doch selber am besten, was es für eine Frau in der Glamourwelt von Film und Show bedeutet, wenn der Vorrat an Zukunft schrumpft. Und dann ein Mann von allerhöchstem Prestigewert: Er hat Geld, Erfolg und Geschmack, weiß gute Drinks und schnelle Autos zu schätzen, er hat eine Villa in der Schweiz, er gilt als gutaussehend, er ist intelligent und großzügig.

»Hurra, ich habe den Heiligen Gral gefunden«, schreibt sie dem Geliebten, »er sitzt auf einem Stuhl an einem großen Schreibtisch, von einem hellen Schein umgeben, in einem Tempel am See – mit Blick auf das Universum.« Da ist sie in Spanien und dreht einen kleinen Film. Und bei anderer Gelegenheit aus Paris schwärmt sie mit geradezu kindlicher Lust am Liebesgeflüster:

»Ich bin so verliebt, daß ich ganz verrückt werden könnte. Beim Klang Deiner Stimme möchte ich mit den Hüften wackeln (wie die Kids bei Frank Sinatra). Wie ist es denn nur gekommen, und wie konntest Du mich allein lassen? Daß mir das nicht wieder vorkommt! Ich hasse jeden hier in Paris, weil ich nicht bei Dir sein kann. Denk daran, mein Instinkt hatte mir geraten, vorher abzureisen, aber dann hätte ich die wichtigste Rolle meines Lebens verpaßt: die Rolle, in der ich zu Dir gehöre. Die Liebesenergie ist doch eine geheimnisvolle biologische Angelegenheit. Mein ganzer Körper spielt verrückt, und ich fühle mich so lebendig! Nie bin ich erschöpft und immer guter Laune ...«

Tatsächlich passen Paulette und Remarque ganz wunderbar zusammen. Beide sehnen sich nach einer festen Bindung, die nicht zur Fessel wird. Beide sehen in der Hinwendung zueinander die Möglichkeit, sich von den Zwängen der Promiskuität zu verabschieden. Affären hatten sie genug: Er kann außer mit Marlene Dietrich mit Greta Garbo aufwarten und mit Lupe Velez, einer Schönen aus Mexiko. Zu ihren Verehrern gehörten ihr Kollege Clark Gable, der Regisseur John Huston und die Schriftsteller John Steinbeck und William Saroyan. Von den Ehen – auf ihrer Seite drei, auf seiner zwei mit derselben Frau – gar nicht zu reden.

Die Schauspielerin und der Schriftsteller sind einander also ziemlich ebenbürtig. Und jeder entspricht sehr genau dem Bild, das der andere im Kopf hat. Für beide muss ein Partner das Selbstwertgefühl heben. Remarque ist es sich einfach schuldig, mit einer Frau zu erscheinen, nach der sich andere Männer umdrehen. Sie wiederum braucht einen Mann an ihrer Seite, der es geschafft hat und dem man das auch anmerkt: Remarque tritt als Mann von Welt auf, er weiß sich zu kleiden, und die Autos, die er fährt, taugen zum Fahren wie zum Repräsentieren.

Viele Äußerungen belegen, wie sehr es ihm bewusst ist, dass Paulette ihn braucht, um ein angenehmes Leben zu haben. Aber er ist weise genug, um darüber zu lächeln. Ein Spaziergang durch eine Stadt – welche es auch immer sein mag – ist für Paulette ein Aufruf zum fröhlichen Shoppen. Er geht geduldig, sogar freundlich darauf ein. Gern lässt er sich von ihr zum Daddy machen und kauft seiner Kleinen, was immer ihr Herz begehrt. Und das Begehren hat kein Ende.

»Wenn sich eine Frau vorgenommen hat, einen Mann zu heiraten«, schreibt der englische Ironiker Somerset

Maugham, »dann gibt es keine Rettung.« Damit trifft er auch bei diesem Paar hundertprozentig ins Schwarze. Zwar erkennt Remarque Paulettes Absichten sehr wohl, aber sie verstimmen ihn nicht. Ist es denn nicht wunderbar, eine so lebendige und schöne Frau an seiner Seite zu wissen, und liegt ihm nicht auch selbst daran, Gentleman, der er ist, sie abzusichern und klarzustellen, dass sie es ist, die zu ihm gehört?

Sieben Jahre dauert die Verlobungszeit dann doch – auch deshalb, weil Remarques Ehe mit Jutta Zamboni, mit der er schon lange nicht mehr zusammenlebt, noch immer fortbesteht. Eine Zeit, in der ihm Paulette keineswegs auf der Tasche liegt. Künstlerisch bringt sie nichts Weltbewegendes mehr zustande, aber sie hat immer wieder mal ein Engagement, sie spielt Theater oder steht für eine Fernsehserie vor der Kamera. Geld ist dabei nicht das einzige Motiv. Sie will vor allem raus. Die kleine Welt am Lago Maggiore, so sehr sie sie liebt, ist zu still für eine Frau, die ihr Leben im Treiben der Großstädte verbracht hat.

Während ihrer vielen Reisen in Europa und Amerika beschwört sie schriftlich die Stunden der Liebe:

»Mein Ein und Alles, 2, 3, 4, 5, & 6«, schreibt sie, »Dein Foto mit dem Hund ist göttlich. Eines Tages wirst Du hoffentlich auch mich so verzückt und hingebungsvoll anstaunen (laß Dir bloß nichts anmerken!). Was bist Du doch für eine gute Seele – mit goldenem Kriegsbeil in der Hosentasche … Bin lüstern vor lauter Wohlergehen. Ich liebe Dich – von Herzen, ohne Schmerzen – absolut. Meine Zukunft liegt klar vor mir. Es ist ein sehr konstruktiver Job. Meine Aufgabe wird sein, Dich zu betören und zu stören, Dich zu lieben und zu necken, Dich zu füttern und zu fressen – Dir Katz' und Maus zu sein. Und ein paar Dollar am Wegrand zu pflücken als Rente für unser hohes Alter. Mein Geld spar' ich auf, Deines kannst du ruhig ausgeben! Bist Du dann erst mal 80, wirst Du vollkommen von mir abhängig sein, dann hab' ich Dich endlich, wie ich Dich will: zahm und gefügig... Stets die Deine. Pete.«

Einmal schreibt Paulette ins Tessin, wo Remarque getreulich auf sie wartet, dass sie nicht habe anrufen können, weil ihr dann die Tränen gekommen wären: »Ich habe solches Heimweh!« Immer in seiner Nähe will sie künftig sein, nie mehr allein, und fürsorglich unterschreibt sie ihre Briefe mit »Mom«.

Er wird in der Sonne gesessen, die Beine hochgelegt, ihre Briefe mehrfach gelesen und ihre Abwesenheit mit der Aussicht auf baldige Rückkehr richtig genossen haben:

»Mein Geliebter, ... ich liebe Deine Fotos, Deine Briefe, Deine Hände, Deine Katzen, Dein Frühstück, Deinen Mund, Deine Haarwuchspillen, Dein tiefgründiges, abwegiges Wesen, Deine Sensibilität, Deine Sturheit, Deine Pläne, Deine Träume, Deine Körpertemperatur, Deine Mega-Philosophie, Deinen Humor, Deine Wildheit, Deine Entfesselung, Deine Muskelkraft, die Energie Deiner Seele und die Millionen Facetten, die ich noch nicht kenne...«

»Sei bedankt, allerliebster Sputnik«, schreibt er ihr, und dass er ihr ein Gemälde gekauft hat, einen Renoir immerhin, »... das Haus lauscht, besonders gegen sechs, sieben Uhr abends, auf Deine leichten Schritte – schade, daß sie jetzt über die Fifth Avenue laufen! Genieße es, Baby! Dein nächster Vertrag liegt noch in den Sternen. In meinem Herzen liegt ein anderer, lebenslanger, keine Option,

keine Chance zum Ausbrechen... Gesegnet seiest Du,
Undine! Dein Pierre Noël.«

Sie freut sich:

»Danke für den Brief und das Bad Deiner Liebe. Bekam
zwei Briefe und ein Foto, das mich verrückt macht nach
Dir! Bist ein sehr knackiger Junge ...«

Dann die Hochzeit. 1957 wird Remarque von Jutta
Zamboni geschieden, und der Weg ins neue Eheglück
ist frei. Paulette ist gerade auf Tournee in den USA, und
der Bräutigam reist ihr hinterher. Am 25. Februar 1958
geben sie sich in Branford/Connecticut das Jawort. Eine
so schlichte Zeremonie, dass die regionale Zeitung nur
knapp vermerkt, wie die beiden Brautleute gekleidet waren: »Paulette erschien in weinrotem Baumwollkleid und
passender Jacke mit breitem Nerzkragen, braunen Wild-
lederpumps und braunem Bänderhut über der brünetten

Pagenschnittfrisur. Remarque trug einen blauen Zweireiher nach europäischem Schnitt.«

Fotografen und Reporter umringen das prominente Paar nach der Trauung. Remarque winkt ab, Paulette winkt mit ihrem neuen Ring – einem rechteckig geschliffenen Diamanten – und lässt sich auf ein Gespräch ein: Es komme ihr vor, sagt sie, als ob sie Erich schon ihr ganzes Leben lang gekannt hätte …

»Ausgerechnet die Goddard«, flüstert Marlene Dietrich, als sie von der Hochzeit erfährt, »jetzt muss er aufpassen. Merkt er denn nicht, dass sie hinter seinem Geld her ist? Sie wird versuchen, ihn umzubringen. Er ist ein großer Schriftsteller, aber ein Dummkopf, wenn es um Frauen geht …«

Remarque geht es nicht besonders gut gegen Ende der 50er Jahre, aber Paulette ist ganz sicher unschuldig daran. Er hat Probleme mit dem Herzen, chronische Kopfschmerzen und vieles andere, was seine Frau dazu bringt, nur umso öfter unterwegs zu sein. Er sieht es mit Gelassenheit – immerhin kann er mit Freunden deutsch reden, wenn sie nicht da ist –, und wie immer schreibt er ihr zärtliche Briefe:

»Bicky, das ganze Haus war glücklich, als Dein Telegramm eintraf. Wie Du weißt, bin ich neben dem Flugzeug hergeflogen, in meiner winzigen Raumkapsel aus Liebe und innigen guten Wünschen – und auf die Sekunde genau aufgewacht, als Du in New York gelandet bist. Ich habe tausend liebende Gedanken herübergefunkt …«

1964 bekommt Remarque einen Herzinfarkt, ohne dass das für Paulette ein Signal gewesen wäre, mit dem vielen

Unterwegssein aufzuhören. Als es aufs Ende zugeht, erweist sich dann aber doch noch ihr Talent, zur richtigen Zeit da zu sein, wo sie gebraucht wird. Erich Maria Remarque stirbt am 25. September 1970, und immerhin seit August ist sie bei ihm gewesen. Marlene Dietrich schickt ein üppiges Gebinde weißer Rosen zur Beerdigung. Aber Paulette weiß zu verhindern, dass es aufs Grab gelegt wird.

»Er ist bei mir und ich bin bei ihm«

COLETTE UND MAURICE GOUDEKET

Maurice hat die Krawattennadel mit der Perle gewählt. Er wählt immer die Krawattennadel mit der Perle, wenn er das blaue Hemd trägt. Und das blaue Hemd trägt er besonders gern, wenn er weiß, dass ein Abend bei Kerzenlicht bevorsteht. Er betrachtet sich im Spiegel: im Profil und en face. Er findet sich gelungen. Das Leben, sagt er sich und schnipst mit leisem Lächeln ein Stäubchen vom Jackenrevers, das Leben ist einfach schön, wenn man in Paris lebt, Geld hat und einem guten Abendessen in anregender Gesellschaft entgegensieht. Sie werden zu fünft sein: die Schauspielerin Marguerite Moreno, ihr Kollege Léon Blum, Andrée Bloch-Levallois, er selbst und, als Glanzlicht des Abends gewissermaßen, die Schriftstellerin Colette. Selbstverständlich kennt Maurice ihre Bücher. Wer kennt sie nicht? Schon als Jugendlicher hat er sie verschlungen, und manchmal hatte er gar das Gefühl, die Bücher verschlängen ihn. »Ich war 15 oder 16, als ich Colette entdeckte, und der Schock, den ich bei der allerersten Bekanntschaft mit ihr erlitt, war von köstlicher Süße.«

Es waren allesamt Romane von der Art, die man sich nicht zum Geburtstag wünschen konnte, die man vielmehr unter dem Kopfkissen verschwinden ließ, wenn die Mutter hereinkam. Erzählten sie doch von den Geheimnissen zwischen Mann und Frau, auch von denen zwischen Frauen und Frauen, Männern und Männern, kurz und gut, Erziehungsberechtigten gegenüber erwähnte man besser nicht, dass man die Bücher von Colette kannte.

Maurice ist inzwischen 35, er hat von den Geheimnissen gekostet, die Colette beschreibt, und gerade jetzt ist sein Liebesleben besonders delikat, denn die verheiratete Gastgeberin des Abends, Andrée Bloch-Levallois, ist seit einiger Zeit seine Geliebte. Während er seinen Mantel überzieht und nach passenden Handschuhen sucht, fällt ihm ein, dass diese Colette in einem Alter sein müsste, wo eine Frau mehr Vergangenheit hat als Zukunft, wie man gemeinhin sagt, und er überlegt, welche Worte sie wählen würde, um einen solchen Tatbestand zu beschreiben.

Sein erster Blick auf die Berühmt-Berüchtigte – er hat gerade die Handschuhe ausgezogen – fällt vom Entree aus durch die geöffnete Tür in den Salon:

»… Sie trug ein buntbedrucktes Kleid und lag bäuchlings auf dem Sofa. Unwillkürlich musste ich an eine große, sich wohlig räkelnde Katze denken«, berichtet Maurice Goudeket später, »der erhobene Kopf mit der Krone von zerzaustem Haar, die nackten Arme, die für meinen Geschmack etwas zu fleischig in die vollendet gerundeten Schultern übergingen – ich war ihr noch nie begegnet, hatte noch nie ihre bronzene Stimme gehört, ihre rollenden burgundischen Rs … Ich weiß nicht weshalb, aber ich betrachtete sie mit erbarmungsloser Nüchternheit. An jenem Abend ging es mir wie vielen Leuten, wenn sie diese Frau persönlich kennenlernten. Ich dachte nämlich, dass sie Colette nur spielt. Aber nachdem ich 30 Jahre mit ihr zusammengelebt hatte, kam ich zu der Überzeugung, sie müsse es doch wirklich sein …«

Beide sind nicht so richtig in Form an diesem Winterabend, irgendwas liegt in der Luft, das die Stimmung dämpft. Immerhin berichtet er von einem »nachtblauen, ironischen und forschenden Blick«, den sie ihm zugeworfen habe.

Nach einem Vortrag über ihre Erfahrungen im Varieté, ein paar Wochen später, gehen Colette und das Ehepaar Bloch-Levallois zum Abendessen zu Maurice. An diesem Abend beginnt der Dialog, der jahrzehntelang nicht abreißen soll, Zärtlichkeit in Worten, der rote Faden ihrer Gemeinsamkeit, ernsthafte und sanftneckende Gespräche, »die 10 Minuten vor Mitternacht begannen«, schreibt Maurice, »und morgens um 4.25 Uhr endeten …« Wechselweise sind sie bei ihm oder bei ihr, der »nächtliche Erzähler«, erinnert sich Colette, gehe immer erst am nächsten Tag nach dem Mittagessen. »Der Junge ist köstlich«, schreibt die Frischverliebte ihrer Freundin Marguerite, »o lala und nochmals o lala! Deiner Freundin kribbelt es in den Augen, in den Lippen – überall! Willst Du wissen, wie mein kleiner Maurice ist? Er ist zum Fressen mit seiner Haut wie Satin, er ist dies und das und sonst noch allerlei. So arg hat es mich also erwischt …«

Maurice Goudeket ist am 3. August 1889 geboren, im Jahr der Weltausstellung, weswegen er sich gern als »Zwilling des Eiffelturms« bezeichnet. Sein Vater ist Niederländer und Diamantenhändler, seine Mutter Französin. Sie ist eine jähzornige und in ihrer Wut ungerechte Frau, und Maurice erinnert sich an viele grundlose Strafen, die er und sein Bruder hinnehmen müssen. Auch der Vater fordert einen Gehorsam ein, den mindestens Maurice als demütigend empfindet.

Er flüchtet in die Welt der Literatur – die Natur verbietet der Vater, weil er der Meinung ist, die Bäume nähmen den Menschen den Sauerstoff weg. Maurice liest alles, was ihm in die Hände fällt: Platon, Spinoza, Kant, Hegel, Descartes, Montaigne – und natürlich Colette. Gut möglich, dass er in den Armen der berühmten Schriftstellerin Vater- und Mutterliebe gesucht und gefunden hat, Geborgenheit, Ruhe und Anerkennung, die sie gern und großzügig gewährt und die niemals erkämpft werden müssen.

Die Pubertät stürzt Maurice in Selbstverachtung und Gewissensbisse, und um sich zu strafen, sucht er sich »die Sportart aus, die meinem Wesen am meisten zuwiderlief. Ich hatte es in der höheren Schule immer vermieden, mich zu schlagen, deshalb entschied ich mich fürs Boxen.« Er entdeckt seine Leidenschaft für den Sport im Allgemeinen und für eine Begleiterscheinung körperlicher Ertüchtigung: das tiefe, bewusste Luftholen. »Das Glück liegt vor allem im Atmen«, schreibt Maurice. Er schwimmt, spielt Tennis und später Golf. Er entdeckt die Qualitäten eines langen Atems auch im Geschäftsleben: Er handelt mit Perlen und Edelsteinen wie sein Vater, obwohl seine Ambitionen eher auf literarischem Feld liegen, er liebt die Kunst und das Theater.

Im Alter von 25 Jahren ist er ein reicher Mann. Als 21jähriger hatte er sich für die holländische Staatsbürgerschaft entschieden, um dem Dienst an der Waffe zu entgehen, aber als 1914 der Erste Weltkrieg ausbricht, will er für Frankreich kämpfen: »... ich hing mit ganzem Herzen an diesem Land.«

Während der Monate der Todesangst, in Schmutz und Kälte, entdeckt Maurice Goudeket das Glück, am Leben zu sein, die Freuden des Augenblicks. »Ich atme, also bin ich glücklich«, sagt er sich und bleibt der physisch-moralischen Selbstsuggestion ein Leben lang treu. Colette sagt später: »Diese Methode heilt alles.«

Eine tiefe, bewegende Liebe begegnet ihm nicht, bevor er 35 ist. Die Schriftstellerin mit den nachtschwarzen Augen, die mit ihren 52 Jahren seine Mutter sein könnte, verbreitet eine Aura von Sinnlichkeit und Leidenschaft, die er bisher nur im Traum, allenfalls im Halbschlaf geahnt, aber nie erfahren hat. »Nie gab es auf der Welt schönere Augen«, schreibt er über sie, »oder solche, die besser zu schauen verstanden.« Zugleich kann er wie kaum ein anderer das Kind in ihr entdecken, den Kobold, und wenn sie zusammen lachen, dann sind sie sich so ähnlich wie zwei Blüten am selben Strauch.

»Maurice ist Maurice«, sagt Colette und spricht von ihrem »dunklen, dunklen Jungen«, von seinem charmanten Wesen und seiner feinen Art, »dass ich mir neben ihm manchmal richtig derb vorkomme«. »Glaub nicht, dass ich verrückt bin vor Leidenschaft«, schreibt sie einer Freundin, »es ist viel schlimmer ...« Beider Zuneigung füreinander bleibt 30 Jahre lang unerschütterlich, ihre Freundschaft bedingungslos. »Meine Liebe zu dieser Frau«, schreibt er, »und meine Bewunderung für ihr

Werk blieben in gewisser Weise gleich stark.« »Maurice sollte heiliggesprochen werden«, sagt Colette.

Sie hat sonst keine Erfahrungen mit Männern, die einen solchen Satz rechtfertigen. Colette, als sie 1924 Maurice Goudeket kennenlernt, ist durch alle Höhen und Tiefen gegangen, die das Liebesleben mit sich bringt. Gerade hat sie ein Verhältnis mit ihrem Stiefsohn Bertrand beendet. Mit dessen Vater, Henri de Jouvenel, einem gebildeten, weltgewandten Monsieur aus bester Familie, war sie zehn Jahre verheiratet. Mit ihm hat sie eine Tochter.

Ihr erster Ehemann, Henry Gauthier-Villars, bringt sie 1893 mit 20 Jahren aus der burgundischen Provinz nach Paris. Damit entreißt er sie dem Paradies: Sidonie-Gabrielle Colette liebt es wie ihre Mutter, inmitten von Wiesen und Blumen zu leben, aufzuwachen vom Gesang der Amseln und mit Hunden und Katzen zu sprechen wie mit besonders verständnisvollen Menschen.

Aber sie ist ihrem Mann in Leidenschaft verbunden, was ihren Hass auf ihn nur noch mehr schürt, nachdem sie ihn durchschaut und von ihm Abstand genommen hat. Willy, wie er sich nennt, ist ein rechter Lebemann und Freund der Damen. Seine Frau lässt er zu Hause warten, während er seine wechselnden Affären pflegt. Als Broterwerb hat er sich aufs Schreiben verlegt. Jedenfalls tut er so. Er veröffentlicht Unterhaltungsromane, die andere für ihn schreiben.

Als er mehr zufällig Colettes schriftstellerisches Talent entdeckt, reiht er sie unter die Ghostwriter ein, die für ihn arbeiten. Schon bald entwickelt sie sich zur Zugnummer, die Geschichten aus ihrer Feder werden zu Bestsellern. Als er das erkennt, sperrt er sie in ein Zimmer und lässt sie erst wieder frei, wenn sie eine bestimmte Menge Text abliefert.

Wen wundert es bei dieser Behandlung, dass sie bald nicht mehr gewillt ist, ihm ihre Lorbeeren zu überlassen. Ihre Mutter Sido unterstützt sie in dem Bestreben, von Willy loszukommen. Im Leben einer Frau, schreibt Sido der Tochter, gebe es keinen entscheidenderen Schritt als den, von jenem Übel, das der erste Ehemann darstelle, befreit zu werden. Sie weiß das aus Erfahrung.

Colette schreibt jetzt in eigener Verantwortung, veröffentlicht unter ihrem Namen und spielt außerdem auf Theater- und Varieté-Bühnen ihre eigenen Dramen. Ihre Themen und Kostüme sind sehr gewagt: Colette trägt Kleider, die den Busen vollständig frei lassen, und Paris schäumt über vor begeisterter Entrüstung. Die Künstlerin hat indessen von Männern erst einmal genug und lebt in lesbischen Beziehungen.

Als ihr in den Redaktionsräumen der Tageszeitung *Le Matin* Henri de Jouvenel begegnet – da ist sie Ende 30 –, entschließt sie sich, ihrem Gefühl für ihn nachzugeben und sein Werben anzunehmen. Längst ist sie ein Star, mindestens in Frankreich, und auf Zuspruch und Unterstützung von Seiten eines Mannes nicht mehr so schrecklich angewiesen.

Wie wenig sie sich auf die Dauer von Henri verstanden fühlt, zeigt ihre Empörung darüber, dass er ihr vorschlägt, doch endlich einmal etwas zu schreiben, das auf die ewigen Themen Liebe und Eifersucht verzichte. Vor diesem Hintergrund verzichtet sie lieber darauf, verheiratet zu sein. Schon zehn Jahre früher hatte sie festgestellt, dass sie in einem Alter sei, um »Krankheiten zu überstehen, ein Alter, in dem man nicht mehr für oder an jemandem stirbt.«

Als sie Maurice kennenlernt, ist sie bereits Mitglied der Ehrenlegion und ihr Name, Colette, ein Markenzeichen. Gemeinsam genießen sie Reichtum und Ruhm. Maurice zeigt ihr die Provence, und sie, die Naturbegeisterte, ist von den Hügeln, den Häfen und dem Dörfchen Saint-Tropez so begeistert, dass sie ein Sommerhaus dort kauft. Auf einer Gastspielreise – Colette spielt die weibliche Hauptrolle in ihrem Stück »Chéri« – präsentieren sich die beiden als strahlendes Liebespaar. Maurice steuert das Cabriolet, mit dem sie überall vorfahren, sie logieren in den elegantesten Hotels und scheuen keinen Umweg, um in berühmten Restaurants speisen zu können.

Manchmal ist Colette erst wenige Minuten vor Beginn der Vorstellung im Theater und hat nicht einmal Zeit, sich umzuziehen. Gleichviel: Sie erobert ihr Publikum auch im Reisekostüm. Es habe etwas Unwiderstehliches in ihrem Blick und ihrer Stimme gelegen, sagen die, die sie gesehen haben. Ein Kritiker vergleicht sie mit einem Renoir-Gemälde: Er meint ihre Wärme und Sinnlichkeit, rühmt den Schimmer, den ihre Haut hat, die schönen Schultern, den Kopf mit den wippenden Locken, das dreieckige Katzengesicht darin und die samtig-schwarzen Augen.

Je länger sie mit Maurice Goudeket zusammen ist, desto besser schreibt sie, desto leichter kann sie sich auf das Schreiben konzentrieren. Sie liebt es, ihn in der Nähe zu wissen, mit ihm diskutieren zu können. Innerhalb von 15 Jahren erscheinen 15 Romane und viele Erzählungen, 1934 fängt sie außerdem damit an, wieder journalistisch zu arbeiten. Allen boshaften Prophezeiungen, es werde ihn nicht allzu lang bei ihr halten, begegnet er mit freundlicher Beharrlichkeit. »Beständigkeit verkündigt man nicht«, stellt er fest, »man beweist sie, und das erfordert Zeit.« Als seine Geschäfte wegen der Wirtschaftskrise nicht mehr gut gehen, besinnt sich Maurice auf sein journalistisches Talent und fängt seinerseits wieder mit Schreiben an.

Colette hat einmal ein Treffen mit Freunden beschrieben, die ein schallendes zweistimmiges Lachen aus der Wohnung hören, während sie die Treppe hinaufsteigen. »Was ist denn los?«, fragen die Freunde. »Nichts«, sagt Colette, »er ist bei mir und ich bin bei ihm.«

1935, das Paar ist seit zehn Jahren vereint, heiraten Colette und Maurice Goudeket im Rathaus des Achten Arrondissements in Paris. Es ist der 3. April. Auf dem Weg zu einem außerhalb gelegenen Restaurant, die Frischgetrauten sitzen zusammen mit den Trauzeugen im Auto, ziehen Wolken auf, und plötzlich fängt es an zu schneien. Colette ist ganz aufgelöst vor Freude. Der Wagen muss anhalten. Sie stellt sich mitten auf die Straße, sie breitet die Arme aus, schließt die Augen, hält das Gesicht den Flocken entgegen und genießt die feuchte Kühle auf der Haut. Mehr als die Hochzeitszeremonie wird ihr dieses Erlebnis im Gedächtnis bleiben. In lapidarem Ton – ganz untypisch für sie – teilt sie einer Freundin die Eheschließung mit: »Übrigens sind Maurice und ich seit ungefähr zwölf Tagen verheiratet …«

Es ist gut, dass sie verheiratet sind, denn als seine Frau kann sie sich für ihn einsetzen: Am 12. Dezember 1941, in den frühen Morgenstunden, wird Maurice seiner jüdischen Abstammung wegen von den Deutschen verhaftet und in das Internierungslager von Compiègne abtransportiert. Der schwärzeste Tag in ihrer beider Leben. Colette scheut kein Risiko. Sie nimmt Kontakt auf mit Kollaborateuren, sie wendet sich direkt an die deutsche Besatzungsmacht.

Ein paar glückliche Zufälle kommen zu Hilfe, und am 13. Februar 1942 hat sie endlich wieder Zeit, an ihre Freundin Marguerite zu denken: »Wenn ich Dir nicht geschrieben habe, so deshalb, weil ich acht Wochen lang eine zu schwere Last mit mir herumtrug. Maurice, der seit dem 12. Dezember ›abwesend‹ war, ist mir eben zurückgegeben worden …« Seither, so schreibt sie, genügen Winzigkeiten, um sie innerlich erstarren zu lassen. »… das Schrillen der Türglocke, sich straffende Schultern, ein Flattern der Lider …« Ihr wiedergefundenes Glück beschreibt sie in *L'Etoile Vesper*: »Liebe, Speise meiner Arbeit und meines Lebens! Wann immer ich über dich schimpfe, mich von dir distanziere, dich verleugnen will, läutet jemand, und vor Schreck zwinkernd fahre ich auf und erinnere mich an den Tag, als man mir nahm, was ich durch dich gewann und was mir Trost sein wird bis ans Ende meines Lebens.«

Während ihrer letzten Lebensjahre, von 1949 an, ist Colette von einer schmerzhaften Arthritis geplagt und kann das Bett kaum verlassen. Es ist jetzt ihr ›Floß‹, auf dem sie durch den Fluss der Zeit dahinschwimmt, von Ehrungen überhäuft. Weiterhin schreibt sie und empfängt Besucher. »Glaubst du, dass ich bald sterben werde?«, fragt sie ihren Mann. »Nicht, bevor ich es erlaube«, antwortet er. Am Tag vor ihrem Tod, sie ist 83, lebt sie noch einmal auf,

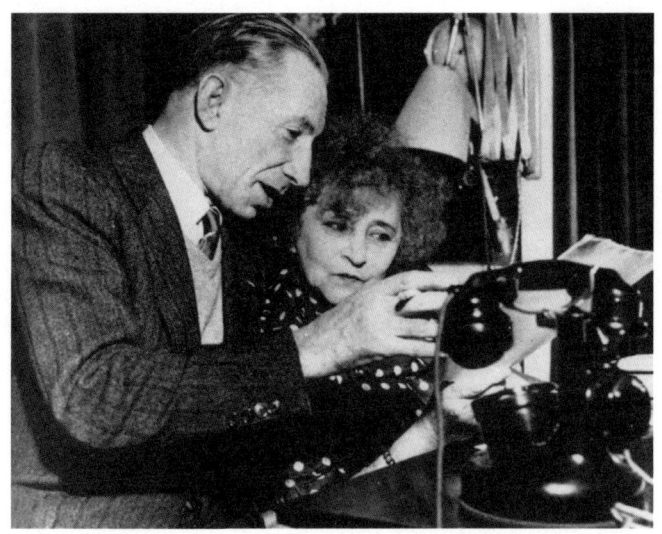

trinkt sogar einen Schluck Champagner. Am Abend des nächsten Tages, 3. August 1954, Maurices Geburtstag, gleitet sie aus dem Schlaf in den Tod hinüber. »Ganz langsam, mit unendlicher Anmut«, berichtet Maurice, sei ihr Kopf zur Seite gesunken. Am 28. Januar 1977, es ist der Geburtstag von Colette, stirbt Maurice Goudeket im Alter von 87 Jahren.

Durch alle Bücher von Colette zieht sich die Trauer darüber, dass Männer und Frauen einander nicht verstehen, über die tiefe Einsamkeit, die einer in Gegenwart des anderen empfindet. Von den Schattenseiten der Liebe zwischen Maurice und ihr ist wenig bekannt. Vielleicht gab es keine. Es ist aber auch möglich, dass ihre Bücher sich an einem Ideal orientieren, das sie im praktischen Leben längst aufgegeben hatte.

Bildnachweis

akg-images
S. 51 – Franz Kafka
S. 121 – Camille Claudel

akg-images/Archiv Klaus Wagenbach
S. 51 – Dora Diamant

Brik-Archiv
S. 151 – Ossip Brik und Lilja Brik mit Wladimir Majakowskij

Buddenbrookhaus/Heinrich-und-Thomas-Mann-Zentrum, Lübeck
S. 77 – Thomas Mann

Thomas-Mann-Archiv/Keystone, Zürich
S. 77 – Katia Pringsheim

ullstein bild
S. 11 – Maria Callas und Aristoteles Onassis 1957
S. 35 – Lotte Lenya und Kurt Weill 1930
S. 45 – Arthur Miller und Marilyn Monroe
S. 97 – Klabund und Carola Neher
S. 107 – Karl Valentin in Uniform mit Liesl Karlstadt
S. 135 – Adele Sandrock
S. 167 – Paulette Goddard und Erich Maria Remarque 1958